INITIEREA UNEI AFACERI

Realizarea unui plan de afaceri de la A la Z

Axinte Vasile Ciprian

2/5/2015

Cred ca aceasta carte va contribui la realizarea unei afaceri de succes pentru cei care vor sa isi incerce potentialul.

DESPRE AUTOR

"Apart from contributing to the processes and strategies which enhance any projects I am working on, I feel that my greatest strengths are firstly my ability to deliver projects to agreed timescales. Secondly my skill at gaining a clear understanding of a clients exact needs, and thirdly being able to coordinate and lead all team resources and at the same time building strong working relationship with fellow colleagues and there by getting them to improve their performance." – Axinte Ciprian

Axinte Ciprian

E: ciprian.v.axinte@gmail.com

W: axinteciprian.wordpress.com

CUPRINS

PREFAȚA

Am scris aceasta carte pentru ca vreau sa susțin si sa motivez tinerii care isi doresc sa pornească pe acest drum al antreprenoriatului însa nu au curajul sau cunoștințele minime necesare. Îmi doresc ca, după ce veți citi aceasta carte, fiecare dintre dumneavoastră sa aveți un spirit dezvoltat de întreprinzător precum si sa aveți formate o serie de competente de creare si gestiune a propriei afaceri.

Este foarte bine cunoscut ca afacerile mici si mijlocii sunt motorul economiei naționale. O afacere proprie o sa va ofere posibilitatea sa va demonstrați abilitățile si talentul intr-un anumit domeniu, capacitatea de aplicare a experienței profesionale precum si manifestarea abilitaților in ceea ce privește dezvoltarea personala.

Consider ca o problema actuala este încurajarea si dezvoltarea abilitaților antreprenoriale in rândul tinerilor, studenti, si de ce nu in rândul celor ce si-au finalizat studiile, fie ele superioare sau medii. Aceasta carte aduce soluții concrete si practice pentru formarea cunoștințelor având scopul de a asista cititorul in formarea abilitaților de inițiere si gestionare a propriei afaceri.

In primul capitol sunt prezentate noțiuni teoretice fundamentale ale antreprenoriatului: definirea conceptului, caracteristicile unui antreprenor, tipologii profilul unui antreprenor de succes. In acelasi prim capitol am cuprins si un test la care va trebuis a raspundeti, rezultatul testului va fi o nota pe scara de la 1 la 5, nota ce va determina interpretarea raspunsului cu privire la personalitatea dumneavoastra de antreprenor. In capitolul al doilea este prezentata o scurta descriere a conceptului de afacere.

Al treilea capitol este dedicat infiintarii unei societati comerciale in Romania. In acest captitol veti afla ce tipuri de firma sunt disponibile in Romania precum si o comparatie elaborata intre acestea. In „Etapele autorizării unei societati in Romania" veti fi indrumati pas cu pas in etapele de creare a unei societati comerciale, sunt cuprinse absolut toate etapele si conditiile ce trebuie indeplinite precum si institutiile la care va trebui sa mergeti pentru autorizare.

In capitolul patru veti invata ca exista un numar generos de modalitati de finantare in Romania cum ar fi: Capitalul propriu, Creditul bancar, Finantari prin programe de promovare, Fondurile de capital de risc, Leasing-ul, Credite de la furnizor si clienti, Credite pe efecte de comert in care se includ Factoringul si Scontarea.

Realizarea unui plan de afaceri va fi prezentata in capitolul numarul cinci. Ghidul de realizarea al planului de afaceri este structurat astfel incat oricine sa inteleaga conceptul de plan de afaceri, ce trebuie sa contina si in primul rand sa aiba abilitatea de a-si crea propriul plan de afaceri urmand aceste intructiuni pas cu pas.

Capitolele prezentate si dezvoltate in acest ghid sunt:

1. Cuprins
2. Rezumat
3. Viziune, misiune, obiective, strategii
4. Descrierea afacerii
    4.1. Istoricul afacerii
    4.2. Resurse umane
    4.3. Descrierea ramurei economice
    4.4. Produsul sau serviciul oferit
    4.5. Activitatea curenta
5. Descrierea produsului sau serviciilor
6. Analiza pietei
    6.1. Piata tinta
    6.2. Concurenta
    6.3. Test – Analiza pietei
7. Planul de marketing
    7.1. Distributia
    7.2. Pretul
    7.3. Promovarea produsului
8. Planul operational
9. Organizarea si conducerea firmei
    9.1. Forma juridica de organizare si proprietate
    9.2. Structura organizatorica
    9.3. Echipa manageriala
    9.4. Forta de munca
10. Planul de finantare
    10.1. Bugetul de lansare a afacerii
    10.2. Bugetul de operare
    10.3. Finantarea afacerii
    10.4. Forta de munca
    10.5. Test – Analiza mijloacelor financiare
11. Anexe

Aceasta este structura unui plan de afaceri. Dupa cum se poate observa in elaborarea acestuia mai sunt cuprinse doua teste: Testul necesar analizei pietei si testul necesar analizei mijloacelor financiare. Aceste doua teste sunt structurate asemenea acelui din primul capitol, respectiv in dupa ce veti raspunde la intrebari veti primi o nota de la 1 la 5 in functie de care se va intrepreta rezultatul.

In capitolul sase am prezentat modul in care se calculeaza bugetul necesar in functie de costuri. In efectuarea acestui calcul veti avea doua variante asa cum veti oberva.

Capitolul sapte este dedicat de asemenea partii financiare si va veni in ajutorul dumneavoastra prin explicarea notiunilor de bilant, contul de profit si pierderi precum si fluxul de numerar.

In cele din urma, dupa parcurgerea acestor pasi veti ajunge la anexe. In anexe am cuprins doua tipuri de planuri de afaceri. Primul plan de afaceri este de tip sablon si este dedicat persoanelor care au deja o afacere si vor sa introduca un nou produs sau serviciu. Prin completarea acestui sablon veti avea abilitatea sa determinati efectele acelui nou produs si astfel puteti decide daca aveti resursele necesare, ce costuri implica si nu in ultimul rand daca se renteaza introducerea acestuia sau nu.

Al doilea plan de afaceri este o exemplificare a unui plan de start-up. Aceasta anexa va veni in ajutorul dumneavoastra prin faptul ca aveti posibilitatea sa vedeti concret cum arata un plan de afaceri.

Materialul de studiu cuprins in aceasta carte este foarte divers. Citind si studiind cartea „Initierea unei afaceri – Realizarea unui plan de afaceri de la A la Z" va veti forma o serie de abilitati si deprineri:

- Veti sti sa intrepretati informatia de afaceri;
- Veti avea ablitatea de analiza si evaluare a unei idei de afaceri;
- Veti analiza o afacere si veti avea abilitatea de a cerceta piata;
- Veti avea capacitatea de a elabora un plan de afaceri;
- Veti cunoaste posibilitatile de finantare a unei afaceri;
- Veti avea cunostintele necesare pentru formarea unei echipe de personal eficiente;
- Veti avea abilitatea de a identifica si solutiona problemele ce pot sa apara in initierea unei afaceri;

Cred ca aceasta carte va contribui la realizarea unei afaceri de succes pentru cei care vor sa isi incerce potentialul.

1. ANTREPRENORIATUL INTRE MIT SI REALITATE

Vrei să ajungi antreprenor? Nu e un lucru greu.

Sa fii un antreprenor de succes e o alta poveste. Multe persoane pot sa infiinteze o firma insa putini sunt cei ce o pot face sa functioneze si sa ajunga la punctul de echilibru (break-even). Foarte putini pot sa asigure o dezvoltare sustenabila pentru companiile lor – acestia sunt **antreprenori de succes.**

De cele mai multe ori, succesul se realizeaza pe termen mediu si lung, dupa dobandirea unei maturitati de business, sau/si dupa cateva esecuri. Desigur ca exista si putine exceptii, care pot doar sa ne motiveze si mai mult.

Activitatea de antreprenoriat poate fi definita ca o activitate comerciala independenta, desfasurata in scopul obtinerii unui profit, avand la baza obligatoriu o componenta de risc, de inovatie si de leadership.

1.1. DEFINIREA CONCEPTULUI DE ANTREPRENORITA/ANTREPRENOR

Iata definitiile antreprenoriatului si sinonimele acestuia conform Dictionarului Explicativ al Limbii Romane.

ANTREPRENÓR, -OÁRE, *antreprenori, -oare,* s. m. și f. (Mai ales în regimul capitalist) Persoană care conduce o antrepriză.

ÎNTREPRINZĂTOR, -OÁRE, *întreprinzători, -oare,* adj., s. m. și f. **1.** Adj. Care are spirit de acțiune; care are inițiativă. **2.** S. m. și f. Persoană fizică autorizată sau persoană juridică având sarcina înființării, gestionării, organizării și conducerii unei afaceri, la care participă cu capitalul său și (sau) cu capital atras. – **Întreprinde** + suf. *-ător.*

Studiul antreprenoriatului a inceput undeva in secolele al XVII-lea – XVIII-lea, cu lucrarile lui:

> ➤ **Richard Cantillon** – *Essai sur la Nature du Commerce en Général, lucrare scrisa in 1730, dar publicata doar in 1755 ("parintele economiei intreprinderii", economist franco-irlandez),* care asocial asumarea de riscuri in economie cu antreprenoriatul
> ➤ **Adam Smith** – *The Wealth of Nations, lucrare scrisa in 1776 (economist scotian, pionerul economiei politice)*

Totusi, studiul theoretic al antreprenoriatului a fost reluat cu adevarat la sfarsitul secolului al XIX-lea, inceputul secolului XX si pus in practica cu precadere in ultimii 40 de ani.

Axinte V. Ciprian – Initierea unei afaceri – Realizarea unui plan de afaceri de la A la Z

➢ **Joseph Schumpeter** - austriac, economist, profesor de economie la Universitatea din Viena, Universitatea din Bonn, Harvard, The Tokyo College of Commerce, din 1939 in SUA, fost ministru al finanţelor (1920-1924), preşedinte al Bancii Beidermeier. În teoriile sale principale cu privire la antreprenoriat, cunoscute sub denumirea de *Mark I* şi *Mark II*, Schumpeter afirmă că *inovaţia şi schimbările tehnologice ale unei naţiuni se datorează antreprenorilor sau spiritelor sălbatice.* El a inventat termenul *Unternehmergeist*, tradus din germană prin expresia *spirit antreprenorial.* Tot Scumpeter afirmă că: *în antreprenoriat există o înţelegere pe care o facem în legatură cu un anumit tip de comportament care include: iniţiativă, organizarea şii reorganizarea mecanismelor socio-economice şi acceptarea riscului şi a eşecului.*

➢ **Peter Drucker** - austriac, economist-şef la o bancă privată, jurnalist, doctor în drept public şi drept internaţional, consultant de business, în 1943 devine cetăţean american, professor de Universitatea din New York, . Acesta suţine că *antreprenoriatul se referă la asumarea riscurilor. Comportamentul antreprenorului reflecta o anumită persoană să-şi pună în pericol cariera şi siguranţa financiară, în numele unei idei, petrecând mai mult timp, precum şi capital într-o acţiune nesigură.*

1.2. DE CE SA DEVII ANTREPRENOR?

Iata cateva motive pentru a devein antreprenor:

- **Implinire** – Antreprenorii sunt personae puternic motivate de nevoia de implinire. Acesta este primul element pe care il are in vedere o persoana atunci cand doreste sa porneasca pe acest drum.
- **Identificarea oportunitatilor** – Sansa nu asteapta foarte mult si nu vine niciodata acolo unde ne dorim.
- **Multe lucruri sunt mai ieftine** – Este foarte probabil sa obtineti ceea ce este necesar viitoarei dumneavoastra afaceri la un prêt mai mic decat cel pe care l-ati plati in mod obisnuit. Astfel, de la terenuri si echipamente pana la spatii de birouri si personal, toate aceste elemente si-au pierdut din valoare odata cu criza.
- **Este usor sa gasesti personalul de care ai nevoie** – Daca va ganditi sa inepeti o afacere in domeniul confectiilor de exemplu, gasiti specialist in domeniu foarte bine pregatiti care abia asteapta sa se angajeze, dat fiind faptul ca multe dintre marile companii din domeniu s-au retras din activitate.
- **Cumparatorii sunt mai receptive la noii intrati pe piata** – pe timp de criza fiecare incearca sa-si reduca costurile sis a-si dramuiasca cat mai bine banii. Chiar daca intrati pe piata cu un produs sau serviciu care are un prêt mai ridicat, aveti mari sanse sa atrageti client daca oferiti un plus de valoare pe care alti concurenti nu o ofera.
- **Dorinta de a realiza ceva** –Multi oameni doresc sa creeze ceva pentru a arata atat celorlalti cat si lor insisi ca sunt valorosi si capabili de reusita.

Axinte V. Ciprian – Initierea unei afaceri – Realizarea unui plan de afaceri de la A la Z

- **Dorinta de independenta** – Reprezinta un motiv important ce poate conduce la decizia de a devein intreprinzator. Aceasta nu suporta sa depinda de nimeni, indifferent ca acestia sunt parinti, proprietary sau sefi.

- **Insatisfactia de a fi angajat** – Atunci cand o persoana este angajata unui patron care nu vede cu ochi buni dorinta acesteia de a realize lucruri noi, de cele mai multe ori, acel angajat incepe sa perceapa sentimente de frustrare.

  Instaisfactiile munctii sunt resimtite puternic de persoanele angajate atunci cand:
  - Nu au posibilitatea sa isi manifeste initiative la locul de munca;
  - Nu li se apreciaza ideeile si calitatile personale la nivelul real;
  - Percep faptul ca munca nu le este rasplatita cum se cuvine;

  Taoate aceste insatisfactii contribuie la accentuarea nemultumirii si la accentuarea motivatiei de a devein intreprinzator.

- **Exemplul celor care au reusit** – motivatia de a devein intreprinzator poate veni si de la prieteni si cunostintele din jurul dumneavoastra. Daca un prieten sau un cunoscut, care este considerat o persoana deosebit de capabila, a reusit intr-o afacere, intrebarea fireasca pe care oricene si-ar pune-o este: "Daca el a reusit, eu ce ce nu as putea?" Motivatia pentru a devein intreprinzator creste in aceasta situatie. De ce? Pentru ca sunteti mai hotarat sa porniti la drum deoarece doriti sa aveti realizari asemanatoare cu cele ale prietenului sau cuhnoscutului dumneavoastra.

- **Dorinta de control asupra propriului destin** – Unii autori au incrcat sa demonstreze ca factorul cheie in decizia de a intra in afaceri este dorinta de constrolasupra propriului destin.

- **Dorinta de imbogatire** –Este un motiv important care poate determina o persoana sa doeasca sa fie intreprinzator. Se spune ca visul este mai prolific decat implinirea lui.

- **Dorinta de a fi apreciat** – Cineva poate sa fie determinat sa aiba propria afacere si faptul ca este ambitios si vrea sa obtina o consideratie este mare si prestigiu in families au in cercul sau de prieteni.

- **Dorinta de a schimba conditiile de munca si viata** – munca grea sau conditiile nocive, de stress, castigurile insuficiente, care nu permit un anumit standard, potrivit pretentiilor sau in comparative cu cei din jur ii fac pe oameni sa intreprind ceva care sa amelioreze conditiile de munca si de viata ale lor si familiilor lor.

- **Situatiile dificile** – In categoria situatiilor dificile un loc important il ocupa pierderea locului de munca. In conditiile in care oa stfel de persoana a incercat in mai multe locuri si nu a reusit sa se angajeze, nu are la cine sa apeleze pentru ajutor, demararea unei afaceri poate reprezenta o alternative. De opbicei cand cineva se simte inlaturat economic si social, se simte si mai liber sa infaptuiasca ceva, daca oricum nu mai este controlat de nimeni. De asemenea, in astfel de situatii apare frecvent dorinta de a demonstra ca ceea ce I s-a intamplat nu este drept si ca de fapt valoarea ei este mai mare.

Dorinta puternica de a arata celor din jur ca ceea ce se poate realize, genereaza putere si curajul necesar demararii unei afaceri. In grupa aceasta a situatiilor dificile, care oblige o persoana sa se lanseze in afaceri alaturi de situatia descrisacea de somer pot fi incluse si urmatoarele:

- Transferul la un alt loc de munca care nu ii place, situatia conducand-o la demisie;
- Esecul repetat in gasirea unui loc de munca in specialitatea in care s-a pregatit;

Avantajele initierii unei afaceri:

- Veti fi propriul dumneavoastra sef;
- Veti putea sa va stability programul de munca;
- Veti putea lua singur decizii;
- Veti lucre cu oameni pe care dumneavoastra insiva i-ati angajat;
- Veti progresa;

1.3. CARACTERISTICILE UNUI ANTREPRENOR

- *Determinare şi perseverenţă:* Mai mult decât oricare alt factor, dedicarea totală către succes ca antreprenor poate depăşi obstacolele. Determinarea puternică şi perseverenţa pot face un antreprenor să facă faţă oricăror greutăţi pe care alte persoane le-ar considera insurmontabile şi chiar pot compensa lipsa de experienţă şi de îndemânare a personalului angajat.

- *Dorinţa de a câştiga:* Antreprenorii examinează o situaţie, determină cum îşi pot mări şansele de câştig şi trec mai departe. Ca rezultat riscurile considerate mari de persoanele obişnuite sunt riscuri mari pentru antreprenori.

- *Căutarea feedback-ului:* Antreprenorii eficienţi sunt adesea descrişi ca având capacitatea de a învăţa repede şi dorinţa puternică de a şti cât de bine se descurcă şi cum îşi pot îmbunătăţi rezultatele. Feedback-ul este important deoarece antreprenorul este dispus să înveţe din greşeli şi din experienţele anterioare.

- *Rezolvarea problemelor persistente:* Antreprenorii nu sunt intimidaţi de situaţii dificile. Încrederea în sine şi optimismul general îi fac să vadă imposibilul ca pe ceva ce doar necesită mai mult timp pentru a fi rezolvat. Problemele simple îi plictisesc, antreprenorii sunt extrem de persistenţi, însă sunt realişti în a aprecia ceea ce pot şi ceea ce nu pot să facă şi unde au nevoie de ajutor pentru rezolvarea unor probleme dificile, dar de neevitat.

- *Iniţiativă şi responsabilitate:* Antreprenorii au fost întotdeauna consideraţi persoane independente, ei caută şi preiau iniţiativa, se pun în situaţii în care sunt personal răspunzători pentru succesul sau eşecul întregii operaţiuni. Le place să se implice în probleme în care impactul lor personal să poată fi măsurat.

- *Orientare spre oportunități:* Un lucru care îi diferențiază clar pe antreprenori este concentrarea spre oportunitate mai mult decât spre resurse, structură sau strategie. Când se hotărăsc să întreprindă o acțiune o fac într-un mod calculat, încearcă să facă totul pentru a obține cât mai multe șanse de câștig, dar evită să-și asume riscuri ce nu sunt necesare.

- *Toleranță pentru eșec:* Antreprenorii folosesc eșecul ca pe o experiență din care pot învăța ceva. Cei mai eficienți antreprenori sunt cei care se așteaptă la dificultăți și nu sunt dezamăgiți, descurajați sau deprimați de un eșec.

- *Încredere în sine și optimism:* Deși antreprenorii întâmpină adesea obstacole majore încrederea în abilitățile personale îi determină să le depășească și îi face pe ceilalți să-și mențină propriul optimism.

- *Realizarea de viziuni:* Antreprenorii știu unde vor să ajungă. Ei au o viziune sau concept despre ceea ce vor să fie firma lor. De exemplu, Steve Jobs de la Apple Computers dorea ca firma sa să producă microcomputere ce pot fi folosite de oricine, de la copiii din școli până la oamenii de afaceri. Nu toți antreprenorii au viziuni predeterminate pentru firmele lor, unii își dezvoltă viziunea în timp, conștientizând ce este firma și ce poate ajunge.

- *Nivelul mare de energie:* Cantitatea mare de muncă depusă de antreprenori presupune din partea acestora existența unei energii superioare. Mulți antreprenori își dozează cantitatea de energie monitorizând cu grijă ce mănâncă, ce beau, fac exerciții fizice și știu când să se retragă pentru relaxare.

- *Creativitatea și spiritul de inovație:* Creativitatea a fost privită timp îndelungat ca ceva genetic, cu care te naști și nu o poți dobândi. Una dintre teoriile celebre apărute spre sfârșitul secolului al-XX lea afirmă că aceasta poate fi învățată.

- *Independența:* Frustrarea în fața sistemelor birocratice, împreună cu dorința de a face o „diferență" îi face pe antreprenori niște persoane foarte independente care doresc să facă lucrurile în felul lor. Totuși antreprenorii nu iau toate deciziile, ci doresc ca autoritatea să le ia pe cele importante.

- *Lucrul în echipă:* Dorința de independență și autonomie nu îl oprește pe antreprenor să dorească lucrul în echipă. De fapt în timp ce antreprenorul știe clar unde se află firma (sau unde ar dori să se afle) personalul se ocupă de activitățile de „zi cu zi" din firmă.

- *Abilități manageriale:* Aceasta nu reprezintă o caracteristică absolut necesară a antreprenorilor însă este important de știut că un antreprenor de succes are nevoie și de acest tip de cunoaștere. Antreprenorul este un actor principal și un simbol al economiei de piață. Rolurile și contribuția antreprenorilor se amplifică substanțial, simultan cu manifestarea lor pe plan calitativ superior, ceea ce se reflectă în revoluția antreprenorială actuală, care potrivit afirmațiilor a numeroși specialiști, va ajunge la apogeu în secolul XXI, generând multiple mutații, unele încă dificil de imaginat în prezent.

În societăţile dezvoltate, pentru a permite accesul noilor domenii, multe universităţi dezvoltă adevărate incubatoare de afaceri, care sunt puse la dispoziţia antreprenorilor, pentru a avea posibilitatea de a experimenta şi verifica noile teorii de business.

1.4. TIPOLOGII ALE ANTREPRENORULUI

- Antreprenor administrator;
- Antreprenor independent;
- Antreprenor technician sau meserias;
- Antreprenor manager sau innovator;
- Antrenor care acumuleaza capital;
- Antreprenor speculant;
- Antreprenor vizonar;
- Antreprenor idealist;

a) **Antreprenorul performant**
- Aloca mult timp afacerii, crede in propria persoana;
- Incearca sa invete cat mai mult cu privire la afacerea pe care o administreaza;
- Are o viziune asupra evolutiei afacerii;
- Apeleaza la tehnicile planificate;
- Pune accent pe flexibilitate;
- Manifesta reactii rapide fata de mediu si schimbarile de mediu;
- Are capacitatea de a rezolva problem;
- Se descurca bine in conditii de criza;

b) **Antreprenorul vanzator**
- Preocupat permanent sa vanda;
- Se concentreaza asupra a ceea ce vinde si cum;
- Nu renunta niciodata sa vanda;
- Apeleaza la altii pentru a dirija afacerile curente ale firmei;
- Pune accent pe relatiile umane si pe muncain echipa;

c) **Antreprenorul manager**
- Poseda pregatire si calitati managerial;
- Ii place sa-si conduca proprii salariati;
- Acloca timp si resurse pentru a convinge potentialii client sa cumpere produsele firmei sale;
- Incurajeaza personalul sa urmeze sis a-si construiasca o cariera in cadrul firmei;
- Pune accent pe eliminarea diferentelor cultural dintre personae si construirea unuei culture organizationale specific firmei;

d) **Antreprenorul generator de idei**
- poseda cuinostinte intr-un domeniu in care poate fi considerat expert;
- detine libertatea de a inova si de a-si implementa propriile idei;
- acorda atentie atragerii de personae cu calitati complementare lui pentru a finalize noua idée;
- consacra energia sprijinului pentru a implementa ideea;
- cristalizeaza o viziune asupra afacerii;

1.5. MANAGEMENTUL ANTREPRENORIAL

- **Trasaturile definitorii ale managementului antreprenorial**
  - Identificarea si valorificarea oportunitatilor de afaceri;
  - Realizarea de schimbari majore in structura dinamica activitaii implicate;
  - Promovarea de intense motivari ale personalului si a inovarii tehnice, economice, managerial;
  - Implicarea unui accentuat dynamism al organizatiei;

Managementul antreprenorial este o parte a managemntului care se ocupa cu studiul proceselor si relatiilor antreprenor- manager, derulate in organizatiile de mici dimensiuni, puternic personalizate de rolul dominant exercitat de antreprenor, de descoperirea legitatilor care le guverneaza si de conceperea de noi sisteme, metode, tehnici si procedure de natura sa creasca eficacitatea si eficienta deciziilor si actiunilor prin care se identifica si valorifica oportunitatile de afaceri

- **Particularitatile managementului antreprenorial**
  - ✓ Se refera la intreprinderi de mici dminesiuni;
  - ✓ Se confrunta cu o multitudine de situatii organizationale;
  - ✓ Se manifesta o extrema diversitate a elementelor managerial in IMM-uri;
  - ✓ Personalul managerial nu este specializat pe domenii, metode, activitati, fiind de tip generalist;
  - ✓ Apelarea la specialistii din afara firmei este o component indispensabila a managemntului.

Managemtnul antreprenorial are doua forme:

- Managemntul este uilizat de antreprenor care infiinteaza si lanseaza o firma – specific este faptul ca este puternic continutul antreprenorial generat de concentrarea antreprenorului asupra identificarii si valorificarii oportunitatilor de afaceri;
- Managementul utilizat in dezvoltarea firmelor déjà existente – atunci cand realizeaza rapid schimbari de valoare cu pronuntat character innovational bazat pe identificarea si valorificarea de oportunitati economice.

1.6. PROFILUL ANTREPRENORULUI

Nu exista un model ideal al antreprenorului de success, dar analiza profilului mai multor antreprenori bine cotati pe piata romaneasca, precum si a unor antreprenori arhicunoscuti din mediile economice dezvoltate, manageri ai intreprinderilor devenite faimoase pe plan international a condus la delimitarea unor caracteristici esentiale pentru un antreprenor de success.

➢ Asumarea riscului fara ca acesta sa fie insotita de sentimente de teama;
➢ O buna opinie despre propira persoana si incredere in fortele proprii;
➢ O buna calificare, cunostinte si experienta intr-un domeniu sau chiar talent;
➢ ambiţios, hotărât şi insistent în urmărirea obiectivelor fără să fie stresat de acestea;
➢ curiozitate, creativitate (imaginaţie şi inovaţie), capitalizarea ideilor altora;
➢ extravertit, bune abilităţi de comunicare cu angajaţii, clienţii, partenerii de afaceri, etc;
➢ nu caută evitarea conflictelor, abordând o manieră deschisă;
➢ raţional, obiectiv, responsabil, consideră întreprinderea o activitate serioasă, acordându-i o importanţă maximă;
➢ o mare nevoie pentru realizări şi satisfacţii personale;
➢ energic şi sănătos, cu o capacitate mare de muncă;
➢ dispune de arta de a vinde şi de a-şi promova propriile servicii şi produse;
➢ entuziast, având capacitatea de a-şi motiva subordonaţii;
➢ acceptă înfrângerea, având capacitatea de a învăţa din greşelile sale şi ale altora şi de a o lua de la capăt;
➢ îşi cunoaşte atuurile şi punctele slabe;
➢ dispune de calităţi manageriale, spirit de organizare şi putere de decizie, orientare spre profit şi aptitudini de lider;
➢ spirit de independent;
➢ se bucura de sprijinul familiei;
➢ optimist, dar, în acelaşi timp realist;
➢ flexibil, cu o mare putere de adaptabilitate, receptiv la schimbări;
➢ spirit de iniţiativă;
➢ se bucură de o bună reputaţie;
➢ banii nu constituie motivaţia principală;
➢ personalitate putternică;
➢ echilibrat, matur din punct de vedere emoţional, are capacitatea de a se controla şi de a trece peste evenimentele neplăcute.

Simpla prezenţă a acestor însuşiri nu poate garanta reuşita în afaceri, dar poate cu certitudine contribui la lansarea cu succes a unei întreprinderi şi apoi la creşterea ei.

Trebuie făcută mențiunea că nu toți potențialii investitori reprezintă aceleași înclinații și disponibilitate pentru activitatea de antreprenor de succes, unele dintre trăsăturile enunțate anterior fiind chiar esențiale (asumarea riscului, nevoia pentru realizări, cunoștințe și experiență într-un domeniu, extravertit, calități manageriale). Totuși, nu înseamnă că indivizii care nu prezintă unele din caracteristicile de mai sus ar trebui excluși de la acestă activitate, ci doar că indivizii la care le întâlnim au mai mari șanse de a desfășura o activitate de succes.

Dacă caracteristicile de mai sus se întâlnesc dar nu există o motivație bine conturată pentru lansarea întreprinderii, este evident că activitatea de antreprenor nu este indicată pentru aceștia, iar riscurile de eșec sunt foarte mari.

Din punct de vedere social există o serie de factori care determină prezența antreprenorilor pe piață, influențându-le totodată comportamentul. Principalii factori sociali cu impact direct asupra comportamentului antreprenorilor sunt:

- influențele sistemului cultural național, bazat pe un sistem de valori; modul de receptare a activității antreprenorilor de opinia publică;
- influența școlii și atitudinea ei relevată prin planul de învățământ față de IMM-uri;
- tradițiile activității de antreprenor în cadrul familiei;
- existența în societate a conduitei de concepere a carierei în întreprinderi mici și mijlocii;
- intervenția guvernului în vederea stimulării sectorului mic și mijlociu și a realizării unei mai bune integrări a acestuia în cadrul economiei.

Atâta timp cât ambițiile fiecăruia sunt ancorate într-un context social, iar abordarea bazată pe valorile individuale este considerată centrală sau unică, posibilitatea intervenției printr-o anumită politică este de cele mai multe ori limitată. Modelul tradițional de analiză trebuie depășit, antreprenorul aflându-se atât sub influența valorilor sociale, cât și a celor individuale.

Modelul tradițional de antreprenorului de succes: needucat, necalificat, emigrant sărac, care se consideră marginalizat social și care caută să dobândească o poziție socială se regăsește parțial în mentalitatea socială din țările aflate în perioada de tranziție, la care se adaugă alte concepții întâlnite în rândul populației cum ar fi:

- capitalul de lansare al antreprenorilor are de mai multe ori un caracter ilicit;
- unii antreprenori desfășoară activități pe terenul practicilor ilegale;
- antreprenorii se îmbogățesc exploatând numele altora;
- acumularea capitalului va denatura sistemul de valori ale antreprenorilor și îi va împinge spre etalarea ostentativă a unui stil de viață occidental.

Acestea constituie unele din cauzele receptării negative a activității antreprenorilor în rândul unor indivizi, atât în România, cât și în alte economii de tranziție. În aceste condiții apare necesitatea creării unei culturi de antreprenor bazate pe valorile moderne, întâlnite în țările cu economie de piață

Antreprenorul român se individualizează față de cel din țările cu o economie de piață, prin următoarele elemente:

- o relativă slabă educație economică și o lipsă a experienței în afaceri;
- preocupat în bună măsură de activitățile care conduc spre un profit imediat (comerț, servicii), rareori având în vedere obținerea profitului pe termen lung, lipsindu-i de multe ori viziunea strategică;
- se confruntă cu un capital insuficient datorită nivelului scăzut al economiilor personale și restricțiilor pe care le prezintă piața creditului;
- motivația principală a demarării unei afaceri constă în dorința de a lucra pentru propria persoană, de a conduce și de a nu fi condus;
- în general, conștient de faptul că seriozitatea și efortul susținut sunt factori de bază ai succesului în afaceri;
- multe din elementele afacerii sale (utilaje, produse, servicii, concepții manageriale) sunt învechite, fiind confruntat permanent, în mod conștient sau inconștient, cu pericolul perpetuării unor practici manageriale caracteristice mecanismului economic centralizat.

1.7. SURSE PENTRU OBTINEREA UNEI IDEI BUNE DE AFACERI

Pentru fiecare dintre noi exista o multitudine de posibilitati de a-si exploata spiritual intreprinzator intr-o anumita afacere proprie. Aceasta poate allege intre o mare diversitate de servicii pe care le-ar putea oferi potentialilor client sau s-ar putea orienta spre o activitate de productie

Esential insa in alegerea obiectului de activitate al unei firme de catre un intreprinzator consider ca trebuie sa fie:

- Aptitudinile pe care le are, in special in domeniul de activitate al firmei;
- Resuresle de care dispune;
- Interesul pe care-l mianefesta pentru un anumit domeniu;
- Cunostintele si experienta acumulata intr-un anumit domeniu;
- Motivatia de a realize ceva anume;

Sursele pentru o buna idée de afaceri sunt multiple. In primul rand acestea pot fi identificate pornind de la abilitațile pe care le aveti de la profesia/ocupatia persoanei, de la cunostintele profesionale de acre dispune,d e la interesele, pasiunile persoanei. Consider ca cele mai mai sanse de reusita se manifesta atunci cand afacerea etse initiate intr-un doemniu in care intreprinzatorul are deprinderi si in care ii va face placer sa munceasca.

Pentru o buna idée de afacere recomand:

- ✓ **In fudamentarea deciziei de a investi intr-un anumit domeniu**, este bines a se porneasca de la pasiuni, interese si aptitudini. Pornind de la o lista a pasiunilor, a intereselor correlate cu aptitudinile pe care se pot avea sis a se ajunga la cateva idei interesante de afaceri.
- ✓ Se poate apela la diverse publicatii. In foarte multe reviste, ziare se prezinta numeroase idei de afaceri. O lista cu activitatile care pot fi autorizate a se desfasura in tara noastra sunt prezentate in "Clasificarea activitatilor din economia nationala - CAEN"
- ✓ **Inspiratia din ideile de success ale altior personae.** Afirmarea ca o afacere poate avea success doar daca se bazeaza pe o idée noua si originala este o mare eroare. De fapt cu cat ideea a fost maiputin incercata si verificata de alti intreprinzatori cu atat riscul este mai mare. Pentru aceasta se recomanda a se face o inventariere a afacerilor pareciate ca avand succe, urmand sa se identifice pe cele care se considera potrivite profilului perosnaei. Se pot identifica oportunitati de afaceri prin combinarea a doua sau mai multe idei de afaceri.
- ✓ **Identificarea unei nise in cadrul pietei.** Asta inseamkna identificarea unor nevoi ale conumatorilor apartinand anumitor segmente de piata care nu sunt satisfacute in present de produsele, derviziile oferite de firmele active pe acea piata. Acest demers nu este unul usor. Se poate porni de la a identifica tendintele care se manifesta la nivel local si national, apeland la diverse buletine de informare, la presa, la emisiunile conomice, la stiri, la ceea ce spun cetatenii. Dupa ce tendintele au fost identificate se poate incerca identificarea nevoii cu care acestea sunt corelat si astfel se poate ajunge la una sau mai multe idei de afaceri care sa satsifaca acea nevoie. Daca se identifica tendinta de inmultire a delictelor inpotriva perosanei, se poate ajunge la identificarea nevoii de securitate sorita. De la aceasta nevoie se poate ajunge la idei de afaceri cum ar fi: producerea, importul sau comercializarea produselor pentru securizarea locuintei sau a perosnaleor, prestarea unor servicii de asigurare a locuintei sau a persoanei.
- ✓ **Achizitionarea unei francize.** Franciza este o relatie de afaceri intr-un francuizo (detinatorul unei marci sau al unei metode de afaceri) si un francizant (un operator local al acelei firme) Francizatul se obliga sa plateasca francizorului o anumita suma de bani in schimbul dreptului de a utiliza marca sau metoda de afaceri sau de amandoua. Plata se face de obicei sub forma unei taxe initiale, urmata de procente cuvenite din volumul vanzarilor sau dintr-un alt indicator economic similar. Principalul avantaj al lansarii in afaceri prin achizitionarea unei francize este acela ca *metoda de afaceri este una verificata.* Aceasta inseamna ca sansele de reusita sunt mai mari decat in cazul pornirii afacerii de la zero. Amestecul francizorului in afacere se limiteaza la instruirea francizatului cu privire la gama de produse si servicii, politica de preturi, marimea si arhitectura spatiilor, dotarilor, dar uneori acesta poate impune pana si uniforma angajatilor. De asemenea se mai pot oferi sfaturi cu privire la management, instruirea angajatilor, politica de servicii post-vanzare, contabilitate. Francizorii mari ofera de obicei, sprijin sub forma de campanii

publicitare si de promovare a vanzarilor. Dezavantajul major al francizei este ca firma nu va apartine niciodata cu adevarat intreprinzatorului. Inflexibilitatea francizorului care nu ia in considerare schimbarile din mediul de afaceri caracteristic zonei in care opereaza poate afecta negativ firma. Faptul ca profitul obtinut nu va apartine in totalitate, reprezinta un alt dezavantaj major al francizei. Oferte de francize se pot gasi la mai multe adrese de Internet.

✓ **Cumpararea unei firme deja existenta.** Principalul avantaj al cumpararii unei firme deja existente este operativitatea. Astfel nu mai este necesar sa se caute un spatiu si nici dotarile potrivite. De asemenea exista furnizori si clienti, iar afacerea se deruleaza din prima zi a achizitiei. In cazul infiintarii unei firme, nivelul veniuturilor care sa egaleze costurile (pragul de rentabilitate) se obtine dupa perioada de timp, de obicei de pana la sase luni. Un alt avantaj al cumpararii unei firme este acela ca exista o baza pentru dezvoltarile ulterioare. Avantajele enumerate mai sus sunt insotite si de anumite dezavantaje. Acestea sunt: uneori este mai ieftin sa pornim de la zero si sa se achizitioneze exact spatiile si dotarile dorite; este posibil ca situatia financiara viitoare a firmei sa nu mai fie identica sau macar apropiata de cea trecuta pe care am analizat-o la achizitie; este posibil sa nu se cunoasca toate informatiile cu privire la dezvoltarea locala si sa nu se stie ca in viitor se vor construi noi magazine chiar langa cel achizitionat, acest lucru afectand nefavorabil cifra de afaceri. Sunt cunoscute cazuri de succes prin achizitionarea unei firme deja existente cum ar fi: pensiune turistica, un mic magazin alimentar, o firma de distributie

1.8.   SFATURI PENTRU ANTREPRENORI - SETH GODIN

Cine este Seth Godin?

Seth Godin (născut în 10 iulie 1960, este un autor american de literatură de business, un speaker popular, cu apariții la Google, TED, etc. Godin a făcut cunoscut termenul de "permission marketing". Cele mai cunoscute titluri sunt: "Small is the new big"; "Purple Cow", "Meatball Sundae", "All Marketeres   are Liars"

"In afaceri invata regulile scrise si nescrise. Respecta-le pe majoritatea. Modifica una, maxim doua. Dar modifica-le, nu le incalca"

"A produce nu inseamna a face ceva. Este despre a face ceva despre care ceilalti credeau ca nu poate fi facut. Inoveaza!"

"Daca jocul este proiectat in asa fel incat sa pierzi, spune stop joc. Joaca un alt joc."

"Daca Google Search nu este ceea ce/cum ti-ai dori sa fie, atunci schimba-l, creeaza ceva mai bun."

"Nu renunta imediat daca dai de greu. Sa iti pastrezi optimismul e dificil, dar de obicei da rezultate."

"Vei gasi multe motive pentru care sa renunti la proiect. Dar a avea concurenta nu e un motiv bun. Chiar daca Google e competitia ta."

1.9. FORMELE ANTREPRENORIATULUI

Pornind de la elemental comun al conceptului – inovatia sau implementarea unor idei noi cu efecte benefice asupra societatii putem identifica urmatoarele forme de antreprenoriat:

1. *Antreprenoriatul de afaceri* - dezvoltat de antreprenorii care îşi asumă riscuri, inovează, perseverează şi generează în final profit, în urma demersului lor comercial.

2. *Antreprenoriatul social* – o formă extrem de la modă în ultimii ani, mai ales în rândul tinerilor, presupune identificarea unei probleme a comunităţii şi implicarea în rezolvarea acesteia prin metode pur antreprenoriale, respectând structura unei afaceri. Deşi organizaţia încearcă să obţină profit, scopul activităţii este de a rezolva problemele comunităţii, de ex. ONG-urile.

3. *Antreprenoratul politic* - caută să rezolve probleme de natură politică, prin implementarea şi promovarea unor noi ideologii care să vină în sprijinul progresului societăţii. Dezvoltarea şi conducerea unei astfel de organizaţii sunt similare modelului de afaceri, implicând în mare măsură componenţa de leadeship, proprie antreprenorului.

4. *Antreprenoratul în cercetare* – caz în care antreprenorii sunt cei care, în acelaşi timp inventatori, savanţi sau cercetători, şi-au înfiinţat propriile companii şi le-au condus cu succes contribuind la bunăstarea şi progresul întregii societăţi. Primul antreprenor în cercetare a fost inventatorul Thomas Edison, cel care a pus bazele companiei General Electric, în urmă cu 150 ani.

5. *Netreprenoriatul* - apărut pe baza fenomenului Internet, la începutul anilor '90. Este vorba de cei care au înfiinţat companii ca Google, Facebook sau YouTube. Ce au aceştia diferit faţă de un antreprenor în sensul general? O înţelegere mult mai timpurie a mediului în care se lansează, internetul, lucrul în echipe sau reţele şi dorinţa de evoluţie rapidă către exit.

6. *Intraprenoriatul* - pornind de la dinamica economică şi necesitatea inovaţiei în modelul de business, a apărut şi cea mai interesantă categorie de antreprenori, care combină avantajele libertăţii şi flexibilităţii unei afaceri independente cu resursele şi deschiderea unei mari companii. « Un intraprenor este un angajat al unei mari corporaţii care primeşte libertatea şi suportul financiar necesare pentru a crea noi produse, servicii, sisteme etc. şi care nu trebuie să urmeză rutină sau protocolul corporaţiei ». Interesul companiilor pentru formarea spiritului antreprenorial al angajaţilor săi este în creştere.

1.10. Test – Vezi daca ai personalitate de antreprenor

Acest test va arata daca personalitatea si cunostintele de specialitate ale peroanei care doreste sa porneasca pe acest drum al afacerilor sunt adecvate.

Intrebare	Categoric NU	Nu sunt sigur		Evident DA
Stii ca atunci cand infiintezi o firma exist posibilitatea sa intampini probleme dificile?	1	2	3 4	5
Esti capabil sa incepi si sa intretini relatii cu viitorii clienti?	1	2	3 4	5
Dispui de timp pentru a efectua toate pregatirile necesare inainte de lansarea firmei?	1	2	3 4	5
Ai abilitatea de a-i convinge pe altii?	1	2	3 4	5
Atunci cand te afli intr-o discutie, poti sa te adaptezi interlocutorului?	1	2	3 4	5
Poti sa identifici rapid cauzele unei probleme si sa vii cu o solutie eficienta?	1	2	3 4	5
Ai abilitatea de a aborda simultan un numar mare de probleme?	1	2	3 4	5
Esti o persoana activa?	1	2	3 4	5
Iti doresti permanent sa creezi ceva nou? Sa inovezi?	1	2	3 4	5
Esti capabil sa fixezi obiective pentru o activitate si dupa sa stabilesti etape intermediare in scopul realizarii acestora?	1	2	3 4	5
Ai o atitudine de conducator si in acelasi timp de motivare a angajatilor si colaboratorilor?	1	2	3 4	5
Esti capabil sa actionezi rational in situatii de stress?	1	2	3 5	5
Esti dispus sa iti asumi riscurile ce apar atunci cand intemeiezi o afacere?	1	2	3 4	5
Esti capabil sa iti asumi responsabilitatile din proprie initiativa?	1	2	3 4	5
Starea ta de sanatate iti permite sa ai un program foarte incarcat de lucru?	1	2	3 4	5
Familia ta iti este alaturi?	1	2	3 4	5
Esti dispus sa iti asumi riscul unor venituri incerte si uneori neregulate?	1	2	3 4	5
Dispui de rezerve financiare pentru a asigura o existenta multumitoare familiei tale? Pe perioada de inceput a afacerii	1	2	3 4	5
Esti dispus sa faci multe drumuri obositoare si sa renunti la concedii pe perioada de start-up a firmei?	1	2	3 4	5
Ai suficienta experienta in domeniul de activitate in caree vrei sa incepi afacerea?	1	2	3 4	5

Ai cunostinte ion domeniul financiar si de conducere al afacerilor?	1	2	3	4	5
Vei participa la diferite cursuri de perfectionare pentru ati comleta cunnostintele lipsa?	1	2	3	4	5
In cazul in care nu ai suficiente cunostinte necesare sau nu ai toate aptitudinile necesare infiintarii si conducerii unei firme, esti dispus sa incepi afacerea alaturi de un partener?	1	2	3	4	5

Pentru obtinerea rezultatului va trebui sa adunati punctajele intrebarilor dupa care sa impariti numarul total de puncte la numarul intrebarilor.

>4,5	3,5 - 4,5	2,5 - 3,5	1,5 - 2,5	< 1.5
Ai toate calitatile necesare unui antreprenor si esti pregatit pentru a infrunta toate problemele ce stau in fata ta in drumul spre succes.	Ai abilitatea de a te descurca pe acest drum, important este sa ai vointa.	Ai putea sa faci fata provocarilor ce apar in viata unui intreprinzator. Pentru a porni pe acest drum ai nevoie de un plan de afaceri forate bine pus la punct.	Stiu ca iti doresti foarte mult sa fii stapan pe propria situatie economica insa acest lucru nu este suficient. Iti recomand sa fii prudent inainte de a lua o decizie.	Aceasta viata de antreprenor nu pare sa fie pentru tine. Ar fi bine ca deocamdata sa iti imbunatatesti abilitatile lipsa pentru a obtine un scor mai mare.

2. DEFINIREA AFACERII

Cele mai importante decizii cu privire la afacerea pe care tocmai o începi trebuie să fie făcute cu mult timp înainte de a avea primul client. Cheia construirii unei afaceri solide, viabile este de a găsi mixul potrivit între cercetare, planificare atentă, până în cele mai mici detalii, acoperind toate aspectele afacerii-dezvoltând ideea inițială, până la a găsi resurse (financiare, umane, etc.) și a identifica locația potrivită.

Lansarea în această călătorie înseamnă să faci cunoscut, potențialilor clienți, ceea ce compania ta are de oferit și să începi în sfârșit să vinzi. Fii pregătit pentru o lecție grea sau „delicată" în momentul în care îți vei pune în practică planurile. O atitudine flexibilă și disponibilitatea de a regândi și îmbunătăți constant afacerea ta sunt esențiale. Pe măsură ce afacerea va crește, va trebui să găsești diferite căi de extindere a acesteia – orizontale și verticale (deschiderea mai multor puncte de lucru sau lărgirea portofoliului de produse, etc.)

Pentru ca un business să reziste pe piață este nevoie să ai în orice moment: imaginea de ansamblu a firmei, să-ți cunoști exact situația financiară și să știi care sunt pașii de urmat, în cazul în care lucrurile o iau razna (adică planul B, C,...). Răspunsul pozitiv și prompt la schimbările pieței, și formularea – creionarea unui plan pe termen lung care să-ți ghideze afacerea, vor ajuta menținerea acesteia pe direcția bună, evitând deraiajele.

Iată câteva detalii: fă-ți un dosar cu „informații utile", o parte a planului de afaceri care va acoperi aspectele legale, contabile, care se vor actualiza, pe măsura ce legislația se schimbă, care constituie documentația de bază în hățișul legislativ din România sau consultă: consilieri juridici, financiari, contabili. Citește, îmbunătățește-ți cunoștințele și documentează-te continuu.

2.1. CHESTIONAR INTRODUCTIV PENTRU STABILIREA ELEMENTELOR DE BAZA ALE UNEI AFACERI

➢ Cum ati descrie, in termini generali, unui prieten sau unui asociat, conceptia dumneavoastra asupra afacerii?
➢ In afara de a castiga bani, care sunt celelalte obiective ale afacerii dumneavoastra?
➢ Descrieti, in linii generale, ramura economica (diomeniul) in care doriti sa intrati.
➢ Ce bunuri intentionati sa fabricate sau ce servicii doriti sa oferiti?
➢ Cine sunt consumatorii sau clientii dumneavoastra de baza?
➢ Unde se va oferi pe piata produsul dumneavoastra?
➢ Cum (prin intermediul cui) va ajunge produsul (vunul sau serviciul) dumneavoastra pe piata?
➢ Ce prêt credeti ca va avea produsul pe care il veti oferi? De ce?
➢ De unde veti obtine finantarea pentru afacerea dumneavoastra?

➢ Cum credeti ca educatia, pregatirea si calificarea pe care le aveti va pot fi de folos in aceasta afacere?

3. INFIINTAREA UNEI SOCIETATI COMERCIALE IN ROMANIA

3.1. ALEGEREA TIPULUI DE FIRMA

Conform legislației în vigoare, pentru a derula o afacere întreprinzătorul are urmatoarele posibilități de organizare:

- întreprinzător individual sau asociație familială;
- societate comercială.

a) Întreprinzător individual sau asociație familială

Acestea sunt cele mai simple forme de organizare a activității economice.

Întreprinzătorii individuali (PF) pot fi persoane fizice cu domiciliul în România sau în spațiul european. Ei pot desfășura o activitate independentă în baza Decretului-lege nr. 54/1990 privind organizarea și desfășurarea unor activități pe baza liberei inițiative, în urma unei autorizații eliberate de Primăria locală și inregistrare la Oficiul Registrul Comertului.

Avantaje	Dezavantaje
- Costuri mici de infiintare (aproximativ 500 lei) - Contabilitate in partida simpla - PFA cu norma de venit nu au obligatia de a tine evident contabila; - Apartenenta la un inspector fiscal; - Taxe datorate statului reduse; - Recunoasterea veniturilor si cheltuielilor la data incasarii, respective platii; - posibilitatea in cazul PFA la norma de a plati impozit pe o suma mai mica (norma) decat castigul efectiv realizat; - nu se datoreaza impozit pe veniturile din dividente, castigurile nete obtinute dupa achitarea impozitului de 16% aplicat la norma sau la venituril	- Necesitatea dovezii privind competent in domeniul activitatii ales; - Neincrederea bancilor; - Putere financiara redusa; - Sunt limitate cheltuielile deductibile pentru derularea activitatii; - Forta de munca ce poate fi utilizata se rezuma la cea a persoaneifizice ce se inregistreaza ca PFA - Potential de dezvoltare redus (nu are angajati) - cota de 5.5% reprezentand asigurari sociale de sanatate se aplica la tot venitul net (la aceeasi baza ca impozitul pe venit).

Asociațiile familiale (AF) se pot constitui cu participarea membrilor unei familii cu gospodărie comună din aceeași localitate, în baza aceluiași Decret-lege nr. 54/1990 și pe baza unor proceduri similare celor specifice întreprinzătorilor individuali.

Avantaje	Dezavantaje
- contabilitatea in partida simpla; - costuri mici de infiinantare (aprox.500 lei); - apartenenta la un inspector fiscal; - recunoasterea veniturilor si cheltuielilor aferente activitatii desfasurate la data incasarii respectiv platii; - posibilitatea de a folosi forta de munca a altor persoane (limitate la familie insa); - nu se datoreaza impozit pe veniturile din dividende, castigul net obtinut dupa achitarea impozitului de 16% asupra veniturilor nete obtinute apartine intreprinderii familiale;	- declaratiile ce trebuie intocmite si depuse pentru persoanele din famile ce testeaza in cadrul intreprinderii familiale; - necesitatea dovezii privind competenta in domeniul de activitate ales; - neincrederea bancilor; - putere financiara redusa; - sunt limitate cheltuielile deductibile pentru derularera activitatii; - se poate utiliza doar forta de munca a familiei persoanei fizice ce initiaza IF; - potential de dezvoltare redus (nu are angajati); - cota de 5,5% reprezentand asigurari sociale de sanatate se aplica la tot venitul net (la aceeasi baza ca impozit pe venit);

În ambele cazuri, activitățile permise sunt prevazute in Decretul-lege nr. 54/1990.

Activitățile nepermise prevăzute in H.G. nr. 201/1990 privind aprobarea Decretului-lege nr. 54/1990 sunt:

➢ fabricarea și comercializarea de produse explozibile, toxice, otrăvuri, droguri, narcotice, radioactive;
➢ prelucrarea tutunului;
➢ extracția si prelucrarea țițeiului și gazelor naturale;
➢ fabricarea spirtului;
➢ imprimarea hârtilor;
➢ contrabanda, specula;
➢ jocuri de noroc, remedii secrete (vrajitorie, ghicit)
➢ comerț cu inamicul.

Aceste forme de organizare a activității întreprinzătorului au o serie de *avantaje:*

➢ Procedura simplă de autorizare, ceea ce permite întreprinzaătorului să profite mai rapid de oportunitatea descoperită.
➢ Costuri reduse de autorizare.
➢ Evidența contabilă simplificată.

Exista insa si o serie de *dezavantaje:*

➢ Răspunderea nelimitată a întreprinzătorului cu întreaga sa avere.

➢ Posibilități mai reduse de dezvoltare.
➢ Posibilități mai reduse de finanțare de către investitori și creditori.

Pașii de urmat pentru ca o persoană fizică să poată fi autorizată:

1. Trebuie obținută o autorizație de la Primărie.
2. Cazierul fiscal (care se obtine de la Finanțe) însă, pentru a obtine cazierul fiscal, trebuie prezentat cazierul judiciar (care se obtine de la Politie); în plus, cazierul fiscal este valabil 15 zile.
3. dovadă de spațiu (contractul casei sau un contract de inchiriere a unui spatiu), care trebuie să fie în copie.
4. copie a actului de identitate (B.I. sau C.I.).
5. Cu toate aceste acte trebuie mers la Registrul Comerțului (în termen de 15 zile, atâta timp cat e valabil cazierul fiscal), de unde se va ocupa un consilier juridic de autorizarea persoanei fizice în cauză).

B. Societate comercială

Actul normativ fundamental pentru organizare și funcționare îl constituie Legea nr. 31/1990 republicată.

Societatea comercială dobândește personalitate juridică de la data înregistrării în Registrul comerțului. Societățile comerciale pot avea una din următoarele forme juridice:

- Societate în nume colectiv (SNC);
- Societate în comandită simplă (SCS);
- Societate pe acțiuni (SA);
- Societate in comandită pe acțiuni (SCA);

MODUL DE ORGANIZARE IN FUNCTIE DE TIPUL SOCIETATII

Criterii	PF AF	SNC SCS	SA SCA	SRL
Autiorizatie de la primarie	✓			
Rezervare firma	✓	✓	✓	✓
Redactare act constitutiv		✓	✓	✓
Dovada sediu	✓	✓	✓	✓
Depunere		✓	✓	✓

capital social				
Constituire dosar	✓	✓	✓	✓
Inregistrare la Registrul Comertului	✓	✓	✓	✓
Autorizarea functionarii	Se obtine personal de la autoritatile competente	Se obtine prin biroul Unic	Se obtine prin biroul Unic	Se obtine prin biroul Unic
La ce institutii trebuie sa mearga intreprinzatorul	Primarie si CCI	CCI	CCI	CCI
Evidenta contabila	Contabilitate in partida simpla	Contabilitate in partida dubla	Contabilitate in partida dubla	Contabilitate in partida dubla
Sistem de impozitare	Impozit pe venit anual	Impozit pe profit	Impozit pe profit	Impozit pe profit
Administrare	Nue xista reglementari exprese	Unul sau mai multi administratori	Unic administrator sau consiliu de administratie	Unul sau mai multi administratori

- **Societate cu răspundere limitată (SRL).**

Avantaje	Dezavantaje
- potential de dezvoltare mare; - raspundere limitata la valoarea capitalului depus la dispozitia societatii (cu exceptia asociatului administrator); - costuri de infiintare relativ mari (1.000-1.200 lei); - nu este necesar sa se prezinte dovada	- obligativitatea tinerii unei evidente contabile in partida dubla; - multitudinea de declaratii ce trebuiesc depuse in termen; - posibilitatea de a fi controlat din mai multe surse: Garda Financiara, Agentia Nationala de administrare Fiscala, Casa Judeteana de

Axinte V. Ciprian – Initierea unei afaceri – Realizarea unui plan de afaceri de la A la Z

competentei pentru domeniul de activitate ales;	Pensii, Casa Judeteana de Asigurari de Sanatate, Inspectoratul Teritorial de Munca, Agentia pentru protectia Mediului, Oficiul Judetean pentru Protectia Consumatorilor;
- credibilitate ridicata oferita de sistemul bancar.	- dreptul de a fi angajator atrage dupa sine obligatia achitarii unor contributii la asigurarile sociale (aprox. 29%) la fondul de salarii brute, fapt care solicita suplimentar resurselor firmei; - recunoasterea veniturilor si cheltuielilor aferente activitatii desfasurate la data completarii facturii pentru venituri si la data consumului pentru cheltuieli, fara legatura directa cu incasarea sau plata efectuata; - obligativitatea platii impozitului pe veniturile din dividente.

3.2. ETAPELE AUTORIZARII UNEI SOCIETATI COMERCIALE IN ROMANIA

DOSARUL DE INREGISTRARE SI AUTORIZARE A FUNCTIONARII TREBUIE SA CONTINA:

Denumirea actului	Tipul de intreprindere			
	PF AF	SNC SCS	SA SCA	SRL
Cerere de inregistrare si autorizare	✓	✓	✓	✓
Dovada disponibilitatii firmei (original)	✓	✓	✓	✓
Reproducerea emblemei (4 exemplare) – dca aceasta se declara	✓	✓	✓	✓
Dovada sediului (copie)	✓	✓	✓	✓
Declaratie pe propria raspundere (original)	✓	✓	✓	✓
Autorizatie emisa de Primarie conform Decretului Lege 54/1990 (copie)	✓			
Actul constitutiv (original)		✓	✓	✓
Dovezile privind efectuarea varsamintelor aporturilor subscrise si/sau varsate (copii)		✓	✓	✓
Facturi		✓	✓	✓
Expertiza de evaluare a aportului in natura la capitalul subscris		✓	✓	✓
Certificatul constatator al sarcinilor de care sunt grevate imobilele		✓	✓	✓
Contract de imprumut bancar, contract civil		✓	✓	✓
Declaratiile cu privire la averea detinuta	✓	✓	✓	

Axinte V. Ciprian – Initierea unei afaceri – Realizarea unui plan de afaceri de la A la Z

Acte privind activitatea comerciala anterioara (copii)	✓			
Specimen de semnatura (original)	✓	✓	✓	✓
Contractul de administrare (copie)		✓	✓	✓
Acte de identitate (copie)	✓	✓	✓	✓
Actul de inregistrare a fondatorilor perosane juridice (copie)		✓	✓	✓
Hotararea organului statutar al persoanei juridice privind participarea la constituirea societatii (original)		✓	✓	✓
Mandatul persoanei care a semnat actul constitutiv in numele si pe seama fondatorului, persoana juridica (original)		✓	✓	✓
Certificat de bonitate (otiginal)		✓	✓	✓
Avize prealabile prevazute de lege			✓	✓
Actele pentru autorizarea functionarii din punct de vedere: al PSI, sanitar, sanitar-veterinar, al protectiei mediului, al protectiei munccciiii.		✓	✓	✓
Diverse taxe si onorarii	✓	✓	✓	✓

Pentru a derula procesul de autorizare a unei societati comerciale este necesar a fi parcursi urmatorii pasi:

1. Alegerea obiectului de activitate
2. Alegerea formei juridice
3. Alegerea si rezervarea denumirii firmei la Registrul Comertului;
4. Alegerea sediului social
5. Depunerea capitalului social la banca
6. Stabilirea administratorlui societatii
7. Notariat sau Registrul Comertului: redactare act constitutiv, autentificare semnaturi
8. Obtinerea cazierului fiscal;
9. Depunerea actelor si completarea cererilor de inregistrare la Oficiul Registrului Comertului
10. Obtinerea certificatului de inregistrare

Acte necesare pentru infiintarea unei societati comerciale cu raspundere limitata:

- Actele de identitate ale viitorilor asociati in original plus o copie;
- O copie dupa actul de proprietate si o copie dupa actul de identitate al celui care pune la dispozitie imobilul in vederea stabilirii sediului social al societatii;
- Rezervarea denumirii societatii;
- Actul constitutiv;
- declaratii ale asociatilor privind faptul ca nu au antecedente penale si ca indeplinesc conditiile prevazute de lege pentru a fi asociati si administratori;

- contractul de comodat sau de inchiriere, indiferent daca spatiul unde se desfasoara activitatea este proprietate sau nu;
- cazierele fiscale ale viitorilor asociati;
- dovada deschiderii contului la banca si a depunerii capitalului social (de catre un administrator, asociati sau un inputernicit al acestora);
- specimenele de semnatura; - cerere inregistrare societate (se alege tipul de societate pentru a fixa baza de impozitare: microintreprindere sau intreprindere mica, mijlocie, se alege ca firma sa fie platitoare de TVA sau nu;
- declaratie pe propria raspundere pentru desfasurarea unei activitati sau fara activitate;
- dovezile privind plata taxelor/tarifelor legale: taxa judiciara de timbru, in original; timbre judiciare; taxele de registru; tariful de publicare in Monitorul Oficial, Partea a IV-a.

Dupa finalizarea intregii documentatii se depune dosarul la Biroul Unic din cadrul Oficiului Registrului Comertului. In termen de 4 zile vor iesi actele de infiintare ale societatii, adica: incheierea judecatoreasca de autorizare a functionarii societatii, certificatul de inregistrare, certificatul sau certificatele constatatoate care tin loc de autorizatii (in cazul in care nu se desfasoara o activitate care sa aiba un impact semnificativ asupra mediului).

Costurile aproximative pentru constituirea unei firme sunt urmatoarele (orientativ – se vor actualiza in momentul prezentarii):

1) taxa de cazier fiscal 30 lei;
2) rezervare nume de firma 50 lei;
3) taxa la Registrul Comertului, taxa de publicare in monitorul oficial, taxa de timbru judiciar, doua timbre judiciar in valoare de 0.3 lei – reprezinta toate taxele care se platesc la Registrul Comertului si insumeaza aproximativ 330 lei;
4) taxa notariala pentru autentificare act constitutiv, specimen de semnatura, declaratii pe propria raspundere ale viitorilor asociati privind faptul ca nu au antecedente penale si ca indeplinesc conditiile legale prevazute de lege pentru a detine calitatea de asociati si administratori, se cifreaza la aproximativ 400 lei;
5) capitalul social (in functie de optiunea asociatilor dar nu mai putin de 200 lei)

Referitor la aportula sociatilor unei societati comerciale cu raspundere limitata sunt valabile urmatoarele:

1) aporturile in numerar sunt obligatorii, in tim,p ce aporturile in natura sunt optionale;
2) capitalul social al unei societati cu raspundere limitata se formeaza prin aportul asociatilor, nu poate fi mai mic de 200 lei si se divide in parti sociale egale care nu pot fi mai mici de 10 lei;
3) aporturile in natura se realizeaza prin transferarea drepturilor corespunzatoare si prin predarea efectiva de catre societate a bunurilor aflate in stare de utilizare;

4) creantele sau prestantele in munca nu pot constitui aport la formarea sau majorarea capitalului social.

Etapele procesului de autorizare sub forma unei intreprinderi fara personalitate juridica OUG nr. 44/2008 a stabilit preluarea in intregime de catre Registrul Comertului a procedurii de inregistrare si de autorizare a persoanelor fizice autorizate, a intreprinderilor individuale si familiale, prin directorii oficiilor Registrului Comertului de pe langa tribunale. Noua reglementare prevede ca certificatul de inregistrare, continand codul unic de inregistrare, devine documentul care atesta inregistrarea in Registrul Comertului, autorizarea functionarii, precum si luarea in evidenta de catre autoritatea fiscala competenta. Termenul de emitere a acestui document este de 3 zile lucratoare de la primirea documentatiei complete. Cererea de inregistrare in Registrul Comertului si de autorizare a functionarii se depune la Registrul Comertului de pe langa tribunalul din judetul in care solicitantul isi stabileste sediul profesional. Inregistrarea persoanei fizice autorizate, a intreprinderii individuale si a intreprinderii familiale se face in baza rezolutiei motivate a directorului oficiului Registrului Comertului de pe langa tribunal. Daca se considera indeplinite conditiile, directorul va dispune inregistrarea in Registrul Comertului si autorizarea functionarii persoanei fizice autorizate, a intreprinderii individuale si a intreprinderii familiale. Termenul de eliberare a certificatului de inregistrare si dupa caz a certificatului de inscriere de mentiuni este de 3 zile lucratoare, respectiv 5 zile lucratoare, calculat de la data inregistrarii cererii sau dupa caz de la data completarii cererii cu documentele solicitate

O persoana poate avea un singur certificat de inregistrare pentru statutul de PFA, titular de intreprindere individuala sau membru al unei intreprinderi familiale pentru care a fost autorizata. Daca documentele depuse in sustinerea cererii sunt imcomplete, se acorda un termen de 15 zile pentru completarea acestora. Termenul va fi comunicat solicitantului pe loc, daca este prezent sau prin scrisoare recomandata cu confirmare de primire. La cererea motivata a solicitantului, termenul de 15 zile poate fi prelungit. In cazul in care nu sunt indeplinite conditiile legale cererea va fi respinsa, impotriva rezolutiei directorului oficiului registrului comertului de pe langa tribunal se poate formula plangere in termen de 15 zile de la pronuntare sau de la comunicare, dupa caz. Plangerea se depune la judecatoria in a carei raza teritoriala se afla sediul profesional al solicitantului si se judeca in conditiile dreptului comun.

Documentele necesare prin inregistrarea in Registrul Comertului, inregistrarea fiscal si autorizarea functionarii intreprniderilor fara personalitate juridical sunt urmatoarele:

1) Cererea de inregistrare (original);
2) Dovada verificarii disponibilitatii si rezervarii firmei (original);
3) Carte de identitate sau pasaport (fotocopie certificata olograf de catre titular privind conformitatea cu originalul;

4) Documente care atesta drepturile de folosinta asupra sediului profesional/punctelor de lucru (copie legalizata);

5) Daca este cazul avizul privind schimbarea destinatiei imobilelor colective cu regim de locuinta, prevazut de Legea nr. 230/2007 (completat pe formular-tip, original);

6) Specimenul de semnatura al persoanei fizice autorizate (original) sau Specimenul de semnatura al intreprinzatorului persoana fizica titulara a intreprinderii individuale (original); sau Specimenul de semnatura al reprezentantului intreprinderii familiale (original);

7) Declaratia-tip pe propria raspundere a reprezentantului care sa ateste indeplinirea conditiilor legale de functionare prevazute de legislatia speciala din domeniul sanitar, sanitar-veterinar, protectiei mediului si protectiei muncii (model 1 sau model 2, dupa caz);

8) Daca este cazul:

   a) precizare din care sa rezulte ca titularul dreptului de proprietate intelege sa afecteze folosinta spatiului in vederea stabilirea sediului profesional al persoanei fizice autorizate (declaratie, etc);

   b) documentele doveditoare pentru patrimoniul de afectatiune (declaratie pe proprie raspundere);

   c) documentele care atesta pregatirea profesionala (fotocopii certificate olograf);

   d) documentele care atesta experienta profesionala (fotocopii certificate olograf);

9. In cazul persoanelor fizice care desfasoara activitati economice autorizate si recunoscute intr-un alt stat membru al UE sau al Spatiului Economic European, documentatia care atesta functionarea legala obtinuta in celalalt stat (fotocopie si traducere in limba romana certificate olograf)

10. Doar pentru IF-Acordul de constituire incheiat de membrii familiei (original);

11. Doar pentru IF-Procura speciala pentru reprezentantul intreprinderii familiale desemnat prin acordul de constituire (inscris sub semnatura privata);

12. Dovezile privind plata taxelor/tarifelor legale: taxele de registru. Pregatirea sau experienta profesionala se atesta dupa caz, cu documente cum sunt: diploma, certificatul sau adeverinta prin care se dovedeste absolvirea unei institutii de invatamant, certificatul de calificare profesionala sau de absolvire a unei forme de pregatire profesionala, organizata in conditiile legii, in vigoare la data eliberarii acestuia, certificatul de competenta profesionala, cartea de mestesugar, carnetul de munca al solicitantului, declaratie de notorietate cu privire cu privire la abilitatea de a desfasura activitatea pentru care se solicita autorizarea, eliberata de primarul localitatii respective in mod gratuit in cazul meseriilor traditionale artizanale, atestatul de recunoastere si/sau de echivalare pentru persoanele fizice care au dobandit calificarea in strainatate, atestatul de recunoastere a calificarii dobandite in strainatate, in afara sistemului de invatamant, orice alte dovezi care sa ateste experienta profesionala. OUG nr. 44/2008/ prevede posibilitatea solicitarii inregistrarii online pentru toate cele trei categorii: PFA, intreprindere individuala si

intreprindere familiala. Cererea de reprezentare, cererea de inregistrare in Registrul Comertului si de autorizare a functionarii si documentatia de sustinere pot fi remise la Registrul Comertului competent in format electronic, utilizand Sistemul de autorizare si inregistrare online si/sau pe suport hartie, prin posta, cu scrisoare recomandata cu confirmare de primire cu continut declarat, ori direct la Registrul Comertului.

Etapele de parcurs dupa inregistrarea la Registrul Comertului, pana la inceperea efectiva a activitatii

1) Daca etapa de infiintare a societatii comerciale presupune doar obtinerea unei documentatii care ofera statutul de asociat al unei firme, exista imediat ETAPE ULTERIOARE ce trebuie indeplinite pentru a demara activitatea:
   a) Obtinerea stampilei - sunt necesare: copii dupa actele societatii, delegatie pentru reprezentantul firmei si o copie dupa cartea de identitate a acestuia;
   b) Deschiderea contului bancar – chiar daca s-a varsat capitalul social la o banca si exista deschis un cont, acesta este temporar si este deschis in scopul exclusiv al initierii firmei, nu este un cont curent deci nu se pot efectua plati sau incasari prin intermediul acestui cont. Prin urmare, in termen de 15 zile de la obtinerea certificatului constatator trebuie confirmata deschiderea contului la banca respectiva cu chitantele originale (emise de banca) si cu actele societatii. Daca depaseste acest termen de 15 zile, banca rezerva dreptul de a cere un certificat constatator la zi, ceea ce inseamna solicitarea si obtinerea acestuia de la Oficiul Registrului Comertului, cerinta ce impune o taxa si un termen;
   c) Obtinerea actelor ulterioare infiintarii firmei necesare pentru desfasurarea legala a activitatii (facturier, chitantier, jurnal de vanzari, cumparari, registru jurnal, registru fiscal, registru unic de control, etc);
   d) In cazul deschiderii unei firme fara activitate la sediul social declarat, este necesara deschiderea unui punct de lucru intr-o alta locatie, lucru pentru care trebuie depusa o declaratie de incepere a activitatii , un act modificator, actul constitutiv ,,la zi'' si contractul de proprietate, inchiriere etc. asupra spatiului unde se doreste deschiderea punctului de lucru;
   e) Angajarea unui contabil pentru a relationa corect si legal din punct de vedere financiar cu structurile statului;
   f) Obtinerea de asistenta juridica de specialitate pentru contractele societatii, pentru negocierile din cadrul intalnirilor de afaceri sau pentru asistenta juridica permanenta.
2) Intreprinderile fara personalitate juridica pot sa isi desfasoare activitatea din momentul in care ulterior inregistrarii la Registrul Comertului parcurg urmatorii pasi:
   a) deschiderea unui cont de bancar;
   b) comandarea si ridicarea stampilei;

c) completarea si depunerea la Aministratia fiscala a Declaratiei de venit estimat (formular 221), document pus la dispozitie de unitatea fiscala sau care poate fi descarcat de site-ul ANAF (Agentia Nationala de Administrare Fiscala), unde se inscrie suma estimata castigata intr-un an; aceasta informatie este necesara intrucat se va plati anticipat impozitul. Aceasta declaratie estimativa trebuie depusa in 15 zile de la inceperea activitatii impreuna cu copie dupa Cartea de identitate si certificatul eliberat de Registrul Comertului;

d) pentru desfasurarea activitatii in conditii legale trebuie achizitionate de la unitati specializate, urmatoarele documente tipizate: registru de incasari si plati, registru inventar, chitantier, facturi (daca este cazul) si alte documente specifice fiecarui tip de activitate, conform legii contabilitatii. Daca se presteaza servicii sau se vand bunuri persoanelor fizice atunci trebuie achizitionata si o casa demarcat fiscala;

e) important de retinut: factura se emite cand exista un serviciu prestat/bun vandut, iar chitanta se emite obligatoriu in momentul in care se primesc banii. Veniturile se considera a fi totalul incasarilor iar cheltuielile totalul platilor;

f) inregistrare la Casa Judeteana de Asigurari de Sanatate, Casele Judetene de Pensii pentru luarea in evidenta ca asigurat.

4. FINANTAREA AFACERII

Pentru determinarea surselor de finantare adecvate afacerr pronind de la necesarul determninat in baza planului de afaceri, trebuie avute in vedere urmatoarele surse de finantare:

1) Capitalul propriu
2) Creditul bancar
3) Finantari obtinute prin program de promovare a IMM-urilor
4) Fonduri de capital de risc
5) Leasing
6) Credite de la furnizori si de la clienti
7) Credite pe efecte de comert

4.1. CAPITALUL PROPRIU

In aceasta categorie sunt incluse resursele proprii sau cele atrase de la parteneri privati, altele decat institutiile financiare.

4.2. CREDITUL BANCAR

Pentru firmele nou infiintate, bancile sunt reticente in acordarea creditelor. Banca are nevoie de siguranta ca va primi banii inapoi acordati drept credit, si firmele nou infiintate nu ofera aceasta garantie, din diferite motive (nu au istoric, nu au experienta, nu au foarte multe elemente care sa faca din aceste fiurme elemente stabile in cadrul economiei)

Cu toate acestea prezentarea unei firme nou-infiintate la o banca trebuie sa se faca astfel incat firma sa fie pusa in cea mai buna lumina posibila in fata bancii.

De foarte multe ori, la prezentarea firmei in fata bancii, intreprinzatorii fac foarte multe greseli, unele usor de evitat. Iata o scurta lista a greselilor:

1) Supradimensionarea creditului fata de necesitatile afacerii
2) Supradimensionarea creditului fata de posibilitatile firmei
3) Lipsa documentatiei necesare pentru acordarea creditului
4) Lipsa garantiilor necesare pentru acordarea creditului

Garantii

Evident, pentru obţinerea de la bancă a unei finanţări, întreprinzătorul trebuie să ofere băncii anumite garanţii reale pentru rambursarea creditului.

Garanţiile reale sunt reprezentate de imobilele, echipamentele, automobilele pe care întreprinzătorul sau firma sa le au în posesie şi pe care sunt dispuse să le ipotecheze sau gajeze în favoarea băncii în vederea acordării creditului.

Prin Legea Bancară nr. 58 / 1998, băncile nu pot oferi credite rambursabile fără a-şi securiza investiţiile. Aşadar, băncile solicită garanţii (de preferinţă imobiliare) care să acopere aproximativ 120% din valoarea creditului plus dobânda. Găsirea acestor garanţii, în special pentru firmele tinere, aflate pe piaţă de doi – trei ani este practic imposibilă, dacă firma nu are în patrimoniul său astfel de garanţii.

Pe de altă parte, băncile doresc o garanţie cât mai lichidă şi exigibilă, pentru că nu doresc să se transforme în agenţii imobiliare.

Pentru oferirea altor tipuri de garanţii decât cele imobiliare există diverse formule (fonduri de garantare, regarantare, scrisori de garanţie din partea altor bănci, etc.).

Cele mai cunoscute sunt fondurile de garantare de credite. Aceste fonduri garantează prin scrisori de garanţie firmele care doresc să obţină un credit rambursabil.

4.3. FINANTARI PRIN PROGRAME DE PROMOVARE A IMM-URILOR

Cunoscându-se reticenţa băncilor în a acorda credite firmelor noi, există programe de finanţări, mai ales nerambursabile care se adresează exact sectorului de întreprinderi nou-înfiinţate.

Fiind finanţări nerambursabile, există un model foarte clar de documentaţie care trebuie întocmit.
Documentaţia astfel realizată intră într-un proces de competiţie cu alte documentaţii ale altor firme nou-înfiinţate şi cele mai bune proiecte primesc finanţare

Aceste tipuri de programe suport pentru IMM-uri sunt atât finanţări rambursabile cât şi finanţări nerambursabile.

Finanţările rambursabile constau în finanţarea anumitor bănci din banii publici, iar banca refinanţează IMM-urile. În acest caz, dobânda este mai scăzută decât dobânda pieţei.

Finanţările nerambursabile reprezintă ajutoare financiare acordate IMM-urior, ajutoare care provin în principal din două surse:

1) Bugetul de Stat
2) Uniunea Europeană sau alte organizaţii internaţionale

4.4. FONDURILE DE CAPITAL DE RISC

Prin sistemul fondurilor de capital de risc, întreprinzătorul primeşte un partener în afacere, care aduce o sumă importantă de bani ca aport la capitalul social al societăţii. În general, fondul doreşte să fie acţionar minoritar la societate şi să-şi retragă participarea în aproximativ cinci ani.

Acest tip de asociere cu un fond de capital de risc prezintă un mare inconvenient: întreprinzătorul trebuie să participe cu o sumă mai mare decât a fondului, pentru ca fondul să-şi păstreze poziţia de acţionar minoritar.

În afară de acest lucru, în România, fondurile de capital de risc nu sunt destinate în special IMM-urilor, ci mai ales firmelor mari care doresc o infuzie de capital pentru o anumită perioadă. Evident, există posibilitatea ca un fond de risc să dorească să fie partener şi cu o firmă nou-înfiinţată.

În cazul în care un întreprinzător convinge un fond de capital de risc să i se alăture într-o afacere, atunci firma respectivă are trei mari avantaje:

1) Primeşte o infuzie de capital pe o perioadă îndelungată, timp în care nu trebuie să plătească dobânzi
2) Această infuzie de capital nu figurează în evidenţele firmei ca datorii ci ca surse financiare proprii (este aport la capitalul social)
3) Odată cu banii, fondul aduce şi specialiştii săi care vor asista întreprinzătorul la managementul firmei.

4.5. LEASING-UL

Leasingul (crédit-bail) este o formă specială de realizare a operaţiei de creditare pe termen mediu şi lung pentru procurarea de echipament industrial.

Leasingul se poate realiza prin societăţile de leasing unde solicitantul de echipament industrial poate apela la această formă de creditare. Echipamentul se cumpără de către societatea de leasing şi se închiriază ulterior solicitantului. De multe ori, solicitantul însuşi este mandatat în numele societăţii de leasing să cumpere echipamentul de care are nevoie. Contractul de leasing se va încheia apoi între societatea de leasing şi solicitant şi prin acest contract solicitantul primeşte în folosinţă echipamentul. Această formă de leasing se mai numeşte şi leasing comercial, şi reprezintă forma principală de leasing.

Alte forme de leasing sunt lease-back şi time-sharing.

1) În forma de lease-back, posesorul echipamentului se confundă cu solicitantul care are nevoie urgentă de bani. În acest caz, el vinde utilajul unei societăţi de leasing, închiriindu-l apoi de la aceasta.

2) În forma de time-sharing sunt mai mulţi solicitanţi care vor să utilizeze acelaşi echipament, darfiecare îl foloseşte o anumită perioadă de timp. De exemplu, trei societăţi vor să construiască fiecarecâte o hală de producţie. Pentru aceasta nu vor cumpăra fiecare câte o macara, ci vor închiria toate trei o singură macara urmând să o folosească cu rândul

Indiferent de forma în care se face leasingul, la sfârşitul perioadei, solicitantul are opţiuni:

- încetarea contractului;
- continuarea lui pentru o nouă perioadă de timp;
- cumpărarea utilajului la preţul prestabilit.

Leasingul se face de către bancă sau de către o societate specializată de credit. Documentele care se vor prezenta vor fi cererea de creditare, ultimele două bilanţuri, ultimele două balanţe, factura pro-formă a obiectului leasingului, extrasele de cont. Societatea de leasing va cumpăra pe numele său obiectul leasingului prin contract de vânzare-cumpărare, şi apoi îl va închiria societăţii creditoare prin contract de închiriere.

4.6. CREDITE DE LA FURNIZORI SI CLIENTI

Finanţarea prin această metodă este numai pe termen scurt, şi este una din cele mai ieftine finanţări. Un cumpărător cumpără un produs de la un furnizor, şi se obligă să-l plătească peste o perioadă de timp. În tot acest timp, el foloseşte în interesul firmei proprii banii pe care ar fi trebuit să-i achite furnizorului. Invers, un cumpărător achită unui furnizor o sumă de bani, iar acesta livrează bunul sau prestează serviciul la o dată ulterioară. În toată această perioadă, furnizorul poate să folosească banii clientului în interesul firmei proprii. Aceste forme de credit se numesc credite reale. Acest tip de finanţări reciproce este foarte răspândit în Europa şi cunoaşte extindere şi în România, datorită mecanismelor economiei de piaţă. Evident, acest tip de finanţare reciprocă se face între parteneri de afaceri care prezintă încredere unul pentru celălalt, iar sumele care se vehiculează nu sunt foarte mari, dar sunt suficiente pentru a optimiza fluxul de numerar al unei firme pentru o perioadă scurtă de timp.

4.7. Credite pe efecte de comert

4.7.1. Factoringul

Factoringul reprezintă o formă de creditare pe termen scurt acordată de bănci comerciale prin compensarea creditului furnizor. Creditul se garantează cu o factură înainte de scadenţă. Factura apare dintr-un contract de vânzare - cumpărare între un furnizor şi un cumpărător.

De fapt, din punct de vedere juridic factoringul reprezintă un contract încheiat între bancă (factor) şi client (aderent) prin care factorul (banca) se obligă să plătească la prezentarea documentelor care atestă o creanţă comercială o anumită sumă de bani în schimbul unui comision.

Suma de bani pe care o plăteşte banca la prezentarea facturilor poartă denumirea de finanţare imediată sau factoring disponibil. Suma de bani pe care banca o achită în momentul încasării facturilor poartă denumirea de finanţare la încasare sau factoring indisponibil.

În cazul în care există o factură achitabilă la scadenţă, dar necesitatea de bani apare înainte de scadenţă, atunci factura va fi achitată de către bancă la un preţ mai mic decât cel înscris pe factură, urmând ca banca să încaseze preţul total. Din diferenţa între preţul plătit de bancă şi cel încasat de ea la scadenţa facturii, banca îşi acoperă cheltuielile şi se formează profitul ei. Banca va cumpăra, practic, factura la un preţ mai mic.

4.7.2. Scontarea

Scontarea reprezintă o formă de creditare pe termen scurt acordată de bănci comerciale prin achitarea înainte de scadenţă a unor efecte comerciale (trate, bilete la ordin, etc.).

Scontarea reprezintă o operaţiune de cumpărare de către bănci a efectelor de comerţ deţinute de clienţii lor în schimbul acordării creditului de scont şi reţinerii de către bancă a unei sume denumită agio formată din valoarea scontului adunată cu comisioanele. Ca orice operaţiune de creditare, scontarea presupune depunerea unei garanţii stabilite de comun acord şi concretizate printr-un procent aplicat la valoarea nominală a efectelor scontate.

Un efect comercial reprezintă un angajament pe care un trăgător îl ia în numele unui tras în favoarea unui beneficiar. De exemplu, un plătitor (trăgător), depune banii la o bancă comercială (trasul) şi emite un cec (efectul comercial) către un furnizor (beneficiarul), urmând ca furnizorul (beneficiarul) să recupereze banii de la banca comercială (trasul) la scadenţă prin prezentarea cecului (efectul comercial). În cazul în care beneficiarul are nevoie de bani înainte de scadenţă, el poate sconta efectul comercial respectiv la o bancă comercială, urmând ca banca să-l onoreze la o sumă mai mică decât cea înscrisă pe efectul comercial, şi să recupereze la scadenţă banii de la tras, sau să resconteze efectul comercial înainte de scadenţă la altă bancă sau chiar la Banca Naţională.

Scontarea, rescontarea şi factoringul se fac din raţiuni financiare (un leu pe care îl avem astăzi, valorează mai mult în valoare actuală decât cinci lei peste doi ani, chiar dacă nu sunt erodaţi de inflaţie).

5. PLANUL DE AFACERI

Ce este planul de afaceri ?

Inainte ca o afacere sa fie reala, aceasta apare prima data in mintea intreprinzatorului. Pentru realizarea unei afaceri este necesar ca antreprenorul parcurge urmatoarele etape:

- In prima etapa apare ideea de afacere
- Apoi, antreprenorul realizeaza o viziune asupra afacerii
- Pentru ca viziunea sa devina reala este nevoie de o strategie
- In planul de afaceri se elaboreaza strategia ce trebuie urmata pentru ca viziunea sa se materializeze intr-o afacere

Planul de afaceri este acel instrument care ghidează antreprenorii spre atingerea obiectivelor specifice ale business-ului. Vi-l puteți imagina ca pe un schelet, ca pe un suport la care apoi atașăm diverse organe pe care le legăm prin circuite - sisteme, proceduri, astfel încât acesta se va transforma într-un ansamblu funcțional, de aceea nu există o rețetă a succesului cu privire la o structură anume, ci mai degrabă, recomandări generale, puncte care trebuie neapărat să se regăsească în acesta, în funcție de destinatarul final (proprietarii afacerii sau potențialii investitori), vechimea firmei (start-up, 3-5 ani, etc), specificul activității, amploarea proiectului.

Din pacate multi dintre intreprinzatorii aflati la inceput de drum vad *planul de afaceri* ca un document optional si nu il considera necesar afacerii lor. Planul de afaceri creeaza un drum, arata calea, ajuta afacerea sa priveasca in fata, sa vada amenintarile si oportunitatile ce vor aparea si ia masurile necesare in timp util.

Ce este un plan de afaceri?

a) *Un intrument de management*- Planul de afaceri ofera, antreprenorului control total asupra afacerii

b) *Un intrument de monitorizare* – Ajuta antreprenorul sa monitorizeze si sa evalueze felul in care afacerea ruleaza si daca aceasta este pe drumul cel bun. Planul de afaceri nu este rigid, acesta poate fi modificat in timp odata cu acumularea de noi cunostinte.

c) *Este un instrument de comunicare* – Planul de afaceri poate fi folosit pentru a atrage inprumuturi si noiparteneri de afaceri. In cazul in care antreprenorul doreste sa obtina un credit sau sa acceseze un fon nerambursabil este absolut necesar sa prezinte un plan de afaceri care sa dovedeasca stabilitate ca afacerea aduce profit.

d) *Este un intrument de promovare* – Planul de afaceri arata evolutia acesteia, arata obiectivele propuse si ce rezultate sau obtinut dar nu in ultimul rand arata etapele urmatoare ce trebuie parcurse.

5.1. IMPORTANTA PLANULUI DE AFACERI

Poate cel mai important, planul de afaceri are rolul de a prognoza evolutia firmei.

Inainte de a concepe un plan de afaceri trebuie stabilit scopul acestuia:

- Inceperea unei noi afaceri
- Stabilirea noilor obiective
- Aplicarea pentru un imprumut
- Verificarea situatiei in care se afla afacerea la un moment dat
- Stabilirea valorii afacerii
- Planificarea unei campanii de promovare
- Analiza in scopul introducerii unui nou produs

Care e utilitatea planului de afaceri ?

Planificarea riguroasă este fundamentală pentru a obține succes!

- Oferă o imagine de ansamblu asupra întregii afacerii linii directoare de derulare activitate, planificare detaliată;
- Permite evaluarea proiectelor şi a şanselor de succes;
- Asigură condiţiile pentru managementul proiectului;
- Comunică idei, stabileşte sarcini

Cui îi este necesar planul de afaceri ?

- Antreprenorului - cel care doreşte să înceapă o afacere pe cont propriu;
- Investitorului - cel care contribuie cu resurse financiare în afacere, fără a se implica în administrarea acesteia;
- Finanţatorului - cel care acordă finanţarea planului de afaceri;
- Decidentului - cel de a cărui aprobare depinde demararea afacerii;

Avantajele realizării unui plan de afaceri:

- Estimare riscuri şi evitarea multor greşeli cauzate de lipsa de informare;
- Planificare detaliată a bugetului, reduce semnificativ problemele de cash-flow;
- Etapele clare de funcţionare a afacerii;
- Selectarea surselor de finanţare;
- Creşte credibilitatea companiei în faţa investitorilor şi a potenţialilor parteneri;
- Oferă o situaţie clară a companiei în orice moment al activităţii acesteia daca este în permanenţa actualizat;

5.2. ETAPELE DE ELABORARE ALE PLANULUI DE AFACERI

1. *Colectarea informatiilor* (valoarea planului de afaceri este determinata, in mare masura, de catre calitatea si exactitatea informatiei inclusa in el si de fundamentarea propunerilor pe care se bazeaza).
    - *Sursele interne* pe baza carora se face colectarea sunt: documente financiar-contabile, informatii referitoare la capacitatea de productie, situatia incasarilor, datorii si creante, clienti proprii;
    - Surse externe*: legislatie, statistici si studii, oferte, cataloage, ghiduri, clienti potentiali si furnizori.
2. *Stabilirea structurii planului*
    - Dupa cum am mentionat inainte, planurile de afaceri difera ca si structura, in functie de nevoia aparuta: start-up (initierea afacerii) sau dezvoltare afacere. In acest material va va fi prezentata pe larg structura unui plan de afacere pentru initierea unei afaceri

3. *Redactarea planului* va cuprinde urmatoarele capitole principale:
    - Coperta
    - Cuprins
    - Rezumat
    - Descrierea ideii de afacere
    - Echipa de management
    - Analiza mediului extern
    - Strategia de marketing
    - Analiza financiara
    - Concluzii, anexe, etc.

5.3. PLANIFICAREA STRATEGICA

Atunci când începe procesul de planificare strategică, managerii, antreprenorii trebuie să stabilească fundamentul pe baza căruia se vor desfăşura celelalte procese manageriale. Principala temelie o constituie stabilirea *viziunii*, a direcţiei pe care se va orienta organizaţia. Obiectivele finale ale organizaţiei trebuie exprimate în mod clar şi cuprinse într-o *declaraţie a misiunii* organizaţiei, care trebuie să ţină cont atât de valorile conducerii, cât şi de nevoile angajaţilor, clienţilor sau consumatorilor.

În momentul în care ai adunat suficiente informaţii din cercetare, poţi să faci următorul pas în definirea afacerii, declarându-ţi *MISIUNEA.* Henry Mintzberg, definea *misiunea* ca fiind: „Funcţia de bază a organizaţiei, prin prisma produselor şi serviciilor oferite consumatorilor săi".

Enunțarea misiunii este un pas important în cimentarea ideii de business, fiind documentul formal, declarația în scris care explică de ce s-a înființat compania. Această declarație nu ar trebui să fie mai lungă de 2 fraze, ar trebui să cuprindă aproximativ 50 cuvinte, care să răspundă clar și convingător la întrebarile: *Ce vei vinde? Cui vei vinde? Ce va face afacerea ta diferită de celelalte - U.S.P.-ul (Unique Selling Proposition)?*

La demararea unei afaceri, obiectivul sau misiunea sunt bine cunoscute și înțelese de fondatori, însă pe măsură ce organizația se extinde, pătrunde pe noi piețe sau fuzionează, multe firme își modifică misiunea inițială. Conducerea poate schimba perspectiva asupra misiunii originare, ca rezultat al neînțelegerii sau înțelegerii greșite a acesteia, motiv pentru care înțelegerea misiunii unei companii reprezintă primul pas în procesul planificării strategice. O declarație a misiunii este eficace dacă este realizabilă, instructivă, precisă, dacă reflectă valorile și cultura companiei și dacă este orientată spre client.

5.4. GHID PENTRU ALCATUIREA PLANULUI DE AFACERI

ESTE ABSOLUT NECESAR, CA IN FAZA DE INTEMEIERE A UNEI FIRME, VIITORUL INTREPRINZATOR TREBUEI SA RASPUNDA LA INTREVARILE DE MAI JOS.

- ➢ Cine va fi utilizatorul produselor/serviciilor tale?
- ➢ Cine sunt clientii pentru produsele/serviciile tale?
- ➢ Care este amplasamentul cel mai eficient pentru afacerea ta?
- ➢ Ce pret este dispusa sa plateasca piata?
- ➢ Cum ajung produsele la clientul final?
- ➢ Care sunt prespectivele pietei pe termen scurt dar si pe termen lung?
- ➢ Cum sepoate extinde gama de produse sau servicii?
- ➢ Cine sunt concurentii si care sunt punctele lor tari si slabe?
- ➢ De ce ar alege un client sa cumpere un produs de la tine?
- ➢ Care este necesarul de capital?
- ➢ Care este forma juridica cea mai potrivita pentru firma ta?

CELE MAI FRECVENTE GRESELI PE CARE ANTREPRENORII LE FAC LA INCEPUTUL INFIINTARII UNEI FIRME
1) Aptitudini și calificare profesională ale întreprinzătorului sunt insuficiente
2) Nu există o strategie clară de piață
3) Insuficientă cunoaștere a competitorilor
4) Cunoștințele cu privire la organizarea internă a firmei sunt insuficiente
5) Dependență excesivă de anumiți furnizori
6) Capacitate insuficientă de recrutare și selecție a personalului
7) Necunoașterea reglementărilor legale 8. Resurse financiare insuficiente
8) Evaluare greșită a cheltuielilor operaționale
9) Incapacitate de rambursare din profit a creditelor

Axinte V. Ciprian – Initierea unei afaceri – Realizarea unui plan de afaceri de la A la Z

10) Supraestimarea capacității de a realiza profit
11) Politică imprudentă în domeniul investițiilor
12) Planificare eronată a lichidităților
13) Calculație greşită a costurilor
14) Contabilitate necorespunzătoare şi incompletă
15) Necunoaşterea obligațiilor fiscale
16) Alegere neadecvată a partenerilor de afaceri
17) Alegere necorespunzătoare a amplasamentului

RECOMANDARI PENTRU TNERII INTREPRINZATORI
1) Verifică în mod autocritic aptitudinile tale personale ca şi calificarea ta profesională.
2) Analizează cu exactitate piața şi posibilitățile de desfacere.
3) Analizează ce este mai indicat: înființarea unei firme noi sau preluarea uneia existentă.
4) Alegeți cu grijă viitorii colaboratori.
5) Alegeți cu grijă amplasamentul şi dotările.
6) Analizează reglementările legale cu care te poți confrunta.
7) Determină cu exactitate necesarul de capital.
8) Planifică cifra de afaceri, costurile şi profiturile viitoare.
9) Verifică dacă dispui de lichiditățile necesare.
10) Apelează la un colaborator calificat pentru activitatea de contabilitate.
11) Verifică posibilitățile de utilizare ale tehnicii de calcul.
12) Informează-te cu privire la obligațiile tale fiscale viitoare.
13) Alege cea mai potrivită formă de organizare pentru firma ta.
14) Verifică riscurile posibile şi ia măsuri de asigurare corespunzătoare.
15) Îndeplineşte cu grijă toate formalitățile de înființare necesare.
16) Apelează din timp la un specialist care poate să-ți acorde consultanță.

6. CONTINUT DETALIAT AL PLANULUI DE AFACERI

1. COPERTA
2. CUPRINS
3. REZUMAT
4. VIZIUNE, MISIUNE, OBIECTIVE, STRATEGII
5. DESCRIEREA AFACERII
   5.1. Istoricul afacerii
   5.2. Resurse umane
   5.3. Descrierea ramurei economice
   5.4. Produsul (bunul sau serviciul oferit)
   5.5. Activitatea curenta
6. DESCRIEREA PRODUSULUI SAU SERVICIILOR

1. COPERTA

Coperta este foaia de titlu a planului de afaceri si trebuie sa contina urmatoarele informatii:

- Denumirea firmei
- Adresa juridica
- Informatii de contact (telefon, fax, adresa web, email)
- Numele antreprenorului
- Data intocmirii planului de afaceri
- Confidentialitatea planului de afaceri

In cazul in care planul de afaceri a fost conceput pentru obtinerea unei finantari, pe foaia de titlu se va introduce si institutia de la care se doreste a se obtine creditul.

2. CUPRINS

In cuprins sunt incluse categoriile si scibcategoriile de continut ale p[lanului de afaceri, fiecare categorie trebuie sa indice catre numarul pagnii unde aceasta poate fi gasita. Scopul acestui cuprins este de a simplifica citirea planului de afaceri de catre persoanele interesate.

Ianuarie 2015

PLAN DE AFACERI

al firmei SC BRUTARUL SRL
Conceput in scopul obtinerii unui credit
De la Banca Transilvania

Adresa:
Str. Panselutelor, Or. Iasi
Bld. Nicolae Iorga, Bl. C3, Nr. 2
Tel. 0741578813
Fax. 0233542784

Director: Popescu Ionel

3. Rezumat

Chiar daca rezumatul este pozitionat in prima parte a planului de afaceri, acesta trebuie alcatuit dup ace a fost conceput tot planul in detaliu. Importanta acestei componente a planului de afaceri este foarte mare deoarece va fi primul capitol care va fi citit de persoanele interesate. Scrierea acestuia trebuie sa fie cat mai simpla si succinta pobisil, si nu trebuie sa depaseasca doua pagini.

In rezumat trebuie inclusa esenta planului de afaceri, astfel incat atunci cand un investitor sau creditor citeste rezumatul sa inteleaga toata ideea si tot planul de afaceri.

Acesta va cuprinde:

- ✓ *Scurta descriere a firmei (numele, domeniul de activitate, data infiintarii);*
- ✓ *Scurta descriere a afacerii (de unde a venit si cum a evoluat idea, situatia actual a firmei, produsele sau serviciile oferite, piata pe care se gaseste sau in care va intra firma, factori cheie de success, previziuni ale veniturilor si profitului etc.)*
- ✓ *Suma dorita pentru finantare, scopul si modul de utilizare (inclusive termenele de ridicare si de restituire), in cazul in care acest plan se prezinta unui finantator/investitor;*
- ✓ *Garantiile oferite si capitalul social existent, in cazul in care acest plan se prezinta unui finantator/investitor;*

- ❖ O SCURTA DESCRIERE A AFACERII
- ❖ O SCURTA DESCRIERE A PRODUSULUI (CARACTERISITICICI CLARE)
- ❖ DESCRIEREA SEGMENTULUI DE PIATA
- ❖ PREZENTAREA ECHIPEI DE CONDUCERE SI A PERSONALULUI
- ❖ OBIECTIVE SI STRATEGII DE REALIZARE
- ❖ PREVIZIUNI FINANCIARE

4. Viziune, misiune, obiective, strategii

- ❖ VIZIUNEA

Existenta afacerii este descrisa pentru prima data de catre viziune. In cateva cuvinte, viziunea reprezinta punctul final al afacerii, scopul afacerii, obiectivul principal catre care se indreapta antreprenorul.

Viziunea poate fi axata in jurul produsului / al serviciului oferit sau in jurul clientilor. A

Iata cum trebuie sa sune aceasta viziune:

- ✓ *Vreau sa produc produse de patiserie*

✓ *Vreau sa confectionez costume barbatesti*
✓ *Vreau sa realizez o retea de restaurant*

❖ MISIUNEA

Misiunea da directia de baza a companiei, determina strategiile si trebuie sa descrie modul in care afacerea va satisface nevoile clientilor si modul in care va atarge noi clienti.

Misiunea trebuie sa raspunda la intrebarea *"De ce sunt in aceasta afacere?"*

❖ OBIECTIVE

Obiectivele sunt cele mai principale dirijoare ale antreprenorului si in consecinta ale firmei. Este important ca acestea sa fie realiste pentru ca executivul si angajatii sa creada in posibilitatea atingerii lor.

Trebuie sa retineti ca in stabilirea obiectivele trebuie sa fie satisfacute trei cerinte

✓ *Sa fie masurabile*
✓ *Sa fie definite in timp*
✓ *Sa fie intr-o ordina prioritara*

Obiectivele pot fi stabilite in jurul:

- **Profitului**
  Obiectivul de a castiga 100.000 lei annual dupa anul 5 de la infiintare
- **Vanzarilor**
  Obiectivul de a creste vanzarile cu 5% in fiecare an
  Obiectivul de a introduce pe piata un nou produs la fiecare jumatate de an
- **Productiei**
  Obiectivul de a creste productivitatea cu 10% in fiecare an

❖ STRATEGIE

Cea mai simpla definire a strategiei spune ca, strategie este orice raspuns care raspunde la intrebarea "Cum?"

Savantul englez Michael Porter a abordat stabilirea strategiilor astfel incat sa poata fi stabilita calea cea mai rationala in atingerea obiectivelor. Acesta a stability ca strategiile pot fi grupate in trei grupe principale: strategii de focalizare, bazate pe cele mai mici costuri si strategii de diferentiere.

Potrivit modelului propus de Porter strategiile se pot stabili dupa cinci criteria:

a) *Conducerea prin costuri*
b) *Conducerea focalizata prin costuri*
c) *Diferentierea*
d) *Diferentierea focalizata*
e) *Prins in mijloc*

a) Conducerea prin costuri

Atunci cand se aplica aceasta strategie toate eforutrile sunt orientate spre reducerea costurilor.

Aceasta strategie este orientata catre intreaga piata si urmeaza doua directii:

- *Asigura cele mai mici costuri;*
- *Cuprinde toate segmentele de piata;*

b) Conducerea focalizata prin costuri

Aceasta strategie este implementata atunci cand firma se orienteaza catre un segment din piata

Directiile aceste strategii sunt:

- *Asigura cele mai mici costuri;*
- *Concentrarea pe un singur produs, un grup de clienti sau pe o arie geografica;*

c) Diferentierea

Implementarea strategiei de diferentiere se orienteaza spre toata piata si are urmatoarele directii:

- Obtine diferentierea propriilor produse fata de produsele concurente prin satisfacerea unor nevoi special ale clientilor, considerate de acestia foarte utile;
- Diferentierea se face pe intreaga piata;

d) Diferentierea focalizata

In cazul acestei strategii se tine cont de segmente mici ale pietei, ale caror nevoi sunt diferite de restul pietei. Scopul supreme al acestei strategii este de a fi ieftin si diferit pe un segment ingust de piata.

e) Prins in mijloc

Aplicand aceasta strategie firma se orienteaza catre intreaga piata insa fara a avea o strategie clara. Scopul principal al firmei este sa obtina dominatia pietei prin costuri sis a ofere o diferentiere fata de concurenti. Este dificil si neplacut pentru o firma sa se afle in aceasta situatie insa foarte comuna.

Aceasta strategie duce la castiguri mici, iar daca nu se remediaza situatia in scurt timp astfel incat sa se asigure cel putin un avantaj competitiv, firma va fi blocata, lucru ce are o singura directive si anume falimentul.

Pentru stabilirea strategiei este absolute necesar sa se raspunda la cateva intrebari

- ✓ *Ce va aduce bani si va genera profit in afacere?*
- ✓ *Cum arata produsele sau serviciile oferite? Exista déjà pe piata, modele?*
- ✓ *Cine vor fi clientii?*
- ✓ *Mai exista aceste produse/servicii pe piata?*
- ✓ *Ce va asigura succesul afacerii?*

Vom stabili strategia confom criteriilor "Strategiei prin costuri"

- - *Asigura cele mai mici costuri;*
- - *Cuprinde toate segmentele de piata;*

5. DESCRIEREA AFACERII

Pentru a decide daca colaboreaza sau nu cu o firma persoanele au nevoie de informatii ce releva activitatea intreprinderii, trebuie sa ii convinga pe acestia ca viitorul intreprinderii este sigura, ca are potential sis a evidentieze avantajele pe care aceasta le poate oferi.

Acest capitol este foarte important atunci cand scopul planului de afaceri este de a fi prezentat unor personae din afara firmei cu scopul de a-l atrage pentru contractarea unor credite, pentru a asigura dezvoltarea firmei, clienti pentru a efectua o tranzactie importanta.

- ✓ ***Descrieti pe larg afacerea dumneavoastra, obiectivele, modul de functionare, actionariatul;***

- ✓ ***Includeti cateva informatii cu privire la industria in care veti active, in special daca acesta este un domeniu de nisa sau unul cu care potentialii investitori nu sunt familiarizati.***

- ✓ ***Descrieti situatia industriei, precum si orice estimari in ceea ce priveste cresterea economica si schimbarile in urmatorii ani-si modul in care societatea dumneavoastra se va adapta sau va valorifica aceste schimbari. Prezentati motivele pentru care credeti ca*** *afacerea va fi una de success. Realizati o lista cu punctele forte specifice si competentele dumneavoastra si ale echipei.*

✓ *Introduceti si orice considerente juridice special, pe care investitorii ar trebui sa le cunoasca: licente necesare, conditii special de munca, de mediu, taxe de autorizare, etc.*

✓ *Daca afacerea este de vanzare cu amanuntul, ce vindeti si cui? Cum va situati pe piata?*
✓ *Utilizati atat concepte precum "satisfacerea nevoilor clientilor" – dar precizand exact ce, cu si de ce, cat si estimari privind vanzarile in unitati (la acest paragraf nu este nevoie sa precizati tinte financiare, ci doar operationale).*

5.1. ISTORICUL AFACERII

Scopul prezentarii afacerii are importanta in intelegerea acesteia, doemniul de activitate, cu prezentarea clara a sanselor de dezvoltare pe viitor.

❖ **CUM A APARUT IDEEA ACESTEI AFACERI?**
❖ **A MAI EXISTAT ACEASTA AFACERE?**
❖ **CE ADUCE IN ACEST MOMENT PROFIT?**

La aceasta intrebare se raspunde in cazul in care afacerea exista déjà. Se va preciza daca venitul vine din vanzarea produselor (cu amanuntul sau en-gors) sau daca acesta provine din prestarea anumitor servicii.

Se vor prezenta cantitati, preturi si bineinteles un istoric al evolutiei companiei din acest punct de vedere pe anii precedent.

❖ **CE VA MOTIVEAZA SA LANSATI ACEASTA AFACERE, UN NOU PRODUS SAU SERVICIU?**

Este bine cunoscut faptul ca succesul unei afaceri depinde foare mult de conducerea acesteia. Primul pas spre o conducere eficienta este ca antreprenorul sa isi raspunda la intrebarile de mai jos.

Planul de afaceri trebuie sa contina structura de conducere a firmei. Organizarea si conducerea firmei este importanta atat pentru antreprenor cat si pentru partenerii extern. Istoria a aratat ca o afacere cu potential scazut condusa de o echipa profesionista este mai sigura in comparative cu o afacere cu potential dar condusa de personae slab pregatite.

Asigurarea unei conduceri bine pregatita este un factor cheie in obtinerea finantarii.

Statistic, 98% din esecuri sunt cauzate de conducerea slaba a afacerii, principalele cause fiind:

- 45% conducere incompetenta;
- 20% slaba pregatire teoretica;
- 18% lipsa abilitatilor;
- 9% lipsa experientei;
- 3% iresponsabilitatea;
- 5% alte cause;

Este absolute necesar sa se precizeze modul in care cunostintele, specializarile, experienta fiecaruia dintre manageri si angajati pot influenta pozitiv evolutia firmei.

- ❖ CARE SUNT CUNOSTINTELE TALE TEORETICE SI CE EXPERIENTA AI? AJUTA ACESTEA LA CONDUCEREA AFACERII?
- ❖ ESTI DISPUS SA OFERI TIMPUL NECESAR PENTRU CONDUCEREA AFACERII?
- ❖ CARE SUNT MIJLOACELE FINANCIARE DEDICATE AFACERII?
- ❖ O SCHITA A STRUCTURII ORGANIZATORICE
- ❖ DE CATI ANGAJATI ESTE NEVOIE?
- ❖ TREBUIE SA AIBA CALIFICARI SPECIAL?
- ❖ CARE VA FI NIVELUL DE SALARIZARE?

5.2. RESURSE UMANE

Pentru o dezvoltare durabila a firmei este aboslut ecesar angajarea personalului calificat.La aceasta categorie trebuie sa se raspunda la intrebarile de mai jos:

- ❖ DE CATI ANGAJATI VA FI NEVOIE IN URMATORII ANI?
- ❖ ACESTIA VOR AVEA NEVOIE DE CALIFICARI SPECIAL?
- ❖ CUM VOR FI RELATIILE DE MUNCA CU ANGAJATII?
- ❖ CUM VA FI REALIZATA INSTRUIREA ACESTORA?
- ❖ CARE VA FI BUGETUL ALOCAT INSTRUIRII?
- ❖ CE BONUSURI VOR FI ACORDATE ANGAJATILOR?

5.3. DESCRIEREA RAMUREI ECONOMICE

- ❖ CUM A EVOLUAT RAMURA ECONOMICĂ, ÎN ULTIMII ANI?
- ❖ CARE SUNT TENDINȚELE DE EVOLUȚIE A ACESTEIA ÎN VIITOR?
- ❖ CARE SUNT RISCURILE SPECIFICE ACESTEI RAMURI ECONOMICE?
- ❖ CARE SUNT FIRMELE CARE DOMINĂ ACEASTĂ RAMURĂ?
- ❖ CARE SUNT CHELTUIELILE TIPICE ÎN RAMURĂ?
- ❖ CÂT ESTE RATA PROFITULUI ÎN RAMURĂ?

Axinte V. Ciprian – Initierea unei afaceri – Realizarea unui plan de afaceri de la A la Z

❖ **CÂT DE MARE ESTE RISCUL EȘECULUI (FALIMENTULUI) ÎN ACESTĂ RAMURĂ?**
❖ **CÂT DE MARE ESTE NUMĂRUL FIRMELOR CARE ACTIVEAZĂ ÎN ACEASTĂ RAMURĂ?**
❖ **RAMURA ESTE DOMINATĂ DE FIRME MARI SAU MICI?**

5.4. PRODUSUL (BUNUL SAU SERVICIUL OFERIT)

❖ **DESCRIEȚI ÎN DETALIU PRODUSUL PE CARE DORIȚI SĂ ÎL OFERIȚI;**
❖ **CARE SUNT CARACTERISTICILE CARACTERISTICI TEHNICE ALE PRODUSULUI?**
❖ **UNDE SE SITUEAZĂ PRODUSUL DVS. ÎN RAPORT CU PRODUSELE SIMILARE ALE ALTOR FIRME?**
❖ **CARE SUNT PUNCTELE TARI ȘI PUNCTELE SLABE ALE PRODUSULUI DVS.?**
❖ **PRODUSUL DVS. ARE AVANTAJE COMPETITIVE CLARE?**
❖ **CARE ESTE DURATA DE VIAȚĂ (DE UTILIZARE) A PRODUSULUI DVS.?**
❖ **CARE ESTE CICLUL DE VIAȚĂ AL PRODUSULUI?**
❖ **CE ACTIVITĂȚI DE CERCETARE & DEZVOLTARE MAI TREBUIE SAU MAI POT FI DESFĂȘURATE? CU CE COSTURI ȘI CU CE REZULTATE?**
❖ **PRODUSUL TREBUIE BREVETAT PENTRU A FI PROTEJAT ÎMPOTRIVA COPIERII?**
❖ **CUM VA FI AMBALAT PRODUSUL?**
❖ **CE GARANȚIE VEȚI OFERI PRODUSULUI?**
❖ **CUM VEȚI ASIGURA SERVICE-UL ÎN GARANȚIE ȘI POSTGARANȚIE?**

5.5. ACTIVITATEA CURENTA

In cazul in care firma exista déjà si are activitate trebuie descrisa situatia actual. Descrierea se va face axanduse pe urmatoarele aspecte:

✓ *Ce avantaje sunt oferite din punct de vedere al amplasarii acesteia?*
✓ *Influenta relatiilor de piata asupra amplasarii?*
✓ *Ce cheltuieli sunt necesare pentru reamplasare?*
✓ *Care este programul de lucru?*
✓ *Care sunt argumentele ale sanselor de success a afacerii?*
✓ *Care sunt perspectivele de dezvoltare a afacerii?*

❖ **UNDE VOR FI AMPLASATE FACILITĂȚILE PRODUCTIVE ȘI ADMINISTRAȚIA?**
❖ **CE AVANTAJE SUNT OFERITE DIN PUNCT DE VEDERE AL AMPLASARII ACESTEIA?**
❖ **INFLUENTA RELATIILOR DE PIATA ASUPRA AMPLASARII?**
❖ **CE CHELTUIELI SUNT NECESARE PENTRU REAMPLASARE?**
❖ **CÂT SPAȚIU ESTE NECESAR ȘI CUM VA FI OBȚINUT?**
❖ **CE UTILITĂȚI (ELECTRICITATE, GAZ, APĂ, CĂI DE ACCES ETC.)SUNT NECESARE? SUNT TOATE ACESTEA DISPONIBILE?**
❖ **CARE ESTE PROGRAMUL DE LUCRU?**

❖ <u>C</u>ARE SUNT ARGUMENTELE ALE SANSELOR DE SUCCESS A AFACERII?

❖ <u>C</u>ARE SUNT PERSPECTIVELE DE DEZVOLTARE A AFACERII?

6. DESCRIEREA PRODUSULUI SAU SERVICIILOR

✓ *Descrieti produsul si/sau serviciile oferite, in contextual climatului actual pentru acest tip de afacere;*

✓ *Ce nevoi satisfac produsele/serviciile oferite?*

✓ *Cum si de ce sunt mai bune produsele dumneavoastra decat ale competitiei?*

✓ *Care sunt preturile la care vor fi vandute produsele/serviciile dumneavoastra si cum se situeaza in raport cu preturile competitorilor?*

✓ *Ce calitati sau avantaje competitive au produsele si serviciile dumneavoastra?*

✓ *Aveti posibilitatea sa atasati desene, specificatii, brosuri si alte material de marketing, capture de ecran Web si fotografii de prototipuri la sfarsitul planului de afaceri, pentru a complete aceste informatii.*

7. ANALIZA PIETEI

✓ *Elaborati analiza mediului extern al afacerii dumneavoastra; includeti referiri la legitimatia si reglementarile relevante, situatia economica, informatii cu privire la structura populatiei si reglementarile relevante, situatia economica, informatii cu privire la structura populatiei si la mediul tehnologic, etc.*

✓ *Includeti o descriere a pietei pe care veti activa, precum si o analiza a principalilor competitori;*

✓ *Analizati avantajele competitive ale produselor/serviciilor principalilor dumneavoastra competitori;*

✓ *Colectati informatii, in vederea analizarii modului in care ele vor influenta activitatea viitoare despre orice alti factori pe care ii considerati relevanti;*

✓ *Elaborati o analiza SWOT a afacerii dumneavoastra.*

7.1. PIATA TINTA

❖ <u>C</u>INE SUNT CONSUMATORII, UNDE SE GĂSESC EI ȘI CÂT DE DES CUMPĂRĂ PRODUSUL?

❖ <u>C</u>ÂT ANUME DIN PRODUS CONSUMĂ ANUAL UN CONSUMATOR INDIVIDUAL?

❖ <u>C</u>ARE AR PUTEA FI NUMĂRUL TOTAL AL CONSUMATORILOR ȘI CÂT ANUME S-AR PUTEA CONSUMA ÎN <u>TOTAL?</u>

❖ <u>C</u>ARE ESTE TIPUL PIEȚEI (MONOPOLISTĂ / OLIGOPOLISTĂ / CONCURENȚIALĂ)?

❖ <u>P</u>IAȚA ESTE ÎN DECLIN / STAGNARE / CREȘTERE (CUM VA EVOLUA CONSUMUL)?

❖ <u>P</u>IAȚA ESTE SEGMENTATĂ?

❖ **CARE SUNT SEGMENTELE DE PIAȚĂ ȘI NIȘELE ACESTEIA?**

7.2. CONCURENTA

❖ **CARE SUNT CEI MAI APROPIAȚI CONCURENȚI DIRECȚI AI DVS.?**
❖ **CINE SUNT CONCURENȚII DVS. INDIRECȚI?**
❖ **CE AȚI ÎNVĂȚAT DIN MODUL LOR DE OPERARE ȘI DE PROMOVARE?**
❖ **CARE SUNT PUNCTELE LOR TARI / SLABE?**
❖ **PRIN CE DIFERĂ PRODUSUL DVS. DE CEL AL CONCURENȚILOR?**

TEST – ANALIZA PIETEI

In momentul infiinatrii unei firme, piata reprezinta momentul adevarului; atunci cand pentru produsele sau serviciile oferite nu exista posibilitate de desfacere si potentialul pietei este redus sau sansele de dezvoltare ale pietei sunt scazute, drumul duce doar spre faliment.

Intrebare	Categoric NU	Nu sunt sigur			Evident DA
Din punctul de vedere al clientului, produsele sau serviciile tale sunt din punct de vedere calitatic peste cele ale concurentei?	1	2	3	4	5
Ai cunostintele necesare pentru a pozitiona produsele/serviciile tale peste cele ale concurentei?	1	2	3	4	5
Ai selectat nise de piata neacoperite de catre concurenta?	1	2	3	4	5
Ai definit foarte clar segmentul de piata careia urmeaza sa i te adresezi?	1	2	3	4	5
Piata careia i te adresezi are sanse de viitor?	1	2	3	4	5
Accesul pe piata al produselor sau serviciilor oferite de tine poate fi ingradit in viitor de anumite modificari legislative sau tehnice?	1	2	3	4	5
Ai facut analiza grupelor de clienti ce urmeaza sa fie principalii beneficiari?	1	2	3	4	5
Ai facut un studiu de piata pentru a afla cu exactitate care sunt dorintele, asteptarile si problemele clientilor?	1	2	3	4	5
Esti capabil sa estimezi cererea pentru produsele sau servciile oferite de tine?	1	2	3	4	5
Stii care sunt obiceiurile de consum sau de utilizare ale clientilor in raport cu produsele sau serviciile tale	1	2	3	4	5
Dintre toti concurentii tai ii cunosti pe cei care au cea mai asemanatoare oferta?	1	2	3	4	5
Cunosti punctele tari si slabe ale concurentilor?	1	2	3	4	5
Stii in ce masura sunt cunoscute de catre clienti produsele sau serviciile oferite de concurenta?	1	2	3	4	5
Poti aprecia reactia concurentei la apariția ta pe piata?	1	2	3	4	5

Axinte V. Ciprian – Initierea unei afaceri – Realizarea unui plan de afaceri de la A la Z

Pentru obtinerea rezultatului va trebui sa adunati punctajele intrebarilor dupa care sa impartiti numarul total de puncte la numarul intrebarilor.

3.5 - 5	2 - 3.5	< 2
Din punct de vedere al pietei, afacerea ta are sanse foarte mari. Daca dispui de resursele financiare si desigur daca ai abilitatile necesare, este momentul sa demarezi propria afacere	Piata este undeva la mijloc, nici buna dar nici rea, cel mai impportant este ca aceasta exista. Acum totul depinde de tine cum iti vei valorifica sansele. Nu uita ca piata poate fi si stimulata.	Situatia pietei nu iti este deloc favorabila. Poate este bine sa iti reorientezi afacerea catre alta piata.

8. PLANUL DE MARKETING

✓ *Includeti informatii cu privire la clientii dumneavoastra in functie de varsta, gen si nivelul veniturilor (daca este vorba despre persoane fizice), respectiv tipul de companii in functie de cifra de afaceri si locatie georgrafica;*

✓ *Aflati cat de mare este piata, precum si tendintele si modificarile anticipate. Daca prevedeti orice obstacole, cum le veti depasi? Realizati si cercetari independente: de exemplu explorati modelele de trafic in cartierul in care aveti de gand sa va localizati, aflati cine este comeptitia directa si indirecta pentru compania dumneavoastra (includeti in mod obligatoriu lista principalilor concurenti), etc.*

✓ *Planul dumneavoastra trebuie sa includa statistici solide, cifre, precum si alte detalii care vor pune bazele pentru proiectele dumneavoastra de vanzari si persepctivele pe termen lung;*

✓ *Decideti cum vor fi stabilite preturile*

✓ *Descrieti nisa dumneavoastra de piata si strategia dumneavoastra pentru a o ocupa;*

✓ *Cum veti promova afacerea dumneavoastra si cum veti maximiza bugetul pentru publicitate? Veti folosi networking-ul social, targuri, adeziunea la un grup de afaceri, si asa mai departe;*

✓ *Care este imaginea pe care doriti sa o oferiti companiei si prin ce eforturi de publicitate si promovare doriti sa o sprijiniti?*

✓ *Motivati fiecare decizie privind strategia aleasa.*

8.1. DISTRIBUTIA

Reprezintă locul şi modalitatea fizică prin care produsul este vândut, de exemplu prin vânzare directă, prin comerţul en-gros sau prin comerţul en-detal.

Specificul produsului, respectiv bun de larg consum, bun de investiții, serviciu, etc. determină foarte mult alegerea canalului de distribuție.

De exemplu, bunurile de larg consum cu diferențiere redusă se pretează comerțului en-gros; pe măsură ce specializarea bunurilor crește ne vom îndrepta către comerțul en-detail iar când produsul este extrem de specializat clientului (de exemplu un soft dedicat, sau un produs de consultanță în management sau o poliță de asigurări) atunci canalul de distribuție este de cele mai multe ori vânzarea directă. O astfel de modalitate este valabilă la produsele sau serviciile personalizate, cum este cazul bunurilor industriale destinate investițiilor de exemplu.

- ❖ **CUM VA AJUNGE PRODUSUL DVS. LA CONSUMATOR?**
- ❖ **SE VOR FOLOSI INTERMEDIARI ? CINE VOR FI AGENȚII / ANGROSIȘTII / DETAILIȘTII?**
- ❖ **SE VA FACE VÂNZARE DIRECTĂ ("DIN UȘĂ ÎN UȘĂ" SAU PRIN AUTOMATE)?**
- ❖ **CARE VOR FI CANALELE DE DISTRIBUȚIE ? SE VOR FOLOSI CANALE COMBINATE?**

8.2. PRETUL

Exita trei principale criterii de stabilire a pretului:

1) *In functie de costuri*

Exista mai multe metode de a determina costul unui produs sau a unei intregi game de produse. Pentrua stabili pretul final se adauga o marja de profit si acesta este pretul pietei.

2) *In functie de cerere*

O alta metoda de a fixa pretul este la valoarea pe care intreprinzatorul considera ca piata o va accepta. Este evident ca acest lucru necesita o buna cunoastere a pietei si a preturilor acceptate pentru diferite segmente ale pietei. Aceasta nu inseamna neaparat ca pretul trebuie sa fie mic – comerciantii de produse de lux stabilesc preturi mari pentru ca se adreseaza unei piete care este dispusa sa lpateasca preturi foarte mari, aceste preturi dandu-le clientilor sentimentul ca au achizitionat produse de foarte buna calitate, la care nu oricine are acces.

O alta strategie de fixare a pretului care are la baza comportamentului psihologic al cererii este cea in care preturile se stabilesc de genul 199.000 lei, dand psihologic senzatia ca pretul se incadreaza intr-o categorie de preturi sub 200.000 lei. O alta strategie psihologica este si cea in care un discount de 20% este prezentat sub forma: la patru produse cumparate primiti unul gratuit!

3)   *In functie de concurenta*

Categoric ca trebuie sa tinem seama si de actiunile concurentei. Astfel, putem aborda preturi similare sau usor mai mari ca ale concurentei (stim deja ca pe acestea piata le accepta) si sa comunicam pietei avantajele competitive ale produsului nostru.

Putem totodata, mai ales in fazele de inceput ale afacerii, sa oferim reduceri semnificative (mai mici cu 30% fata de concurenta) pentru a atrage core de piata. Este recomandabil ca acest lucru sa se realizeze insa numai pentru perioade limitate, pentru a nu pereclita echilibrul financiar al firmei si pentru a nu da pietei perceptia ca produsul nostru este „ieftin" si deci probabil slab calitativ si cu utilitate redusa.

- ❖ CARE VA FI PREȚUL PRODUSULUI DVS.? CUM A FOST STABILIT?
- ❖ CÂT VA FI COSTUL PRODUSULUI DVS.?
- ❖ UNDE SE SITUEAZĂ PREȚUL PRODUSULUI DVS. ÎN RAPORT CU CEL AL CONCURENȚEI?
- ❖ CUM ESTE ELASTICITATEA CERERII ÎN RAPORT CU PREȚUL?
- ❖ SE VOR PRACTICA PREȚURI DIFERENȚIATE (DE EX. PE ZONE GEOGRAFICE)?
- ❖ CÂT VA FI CREDITUL COMERCIAL?
- ❖ SE VOR OFERI REDUCERI DE PREȚ (CANTITATIVE, CUMULATIVE, SEZONIERE, PENTRU PLATA IMEDIATĂ SAU ÎNAINTE DE TERMEN, PENTRU EVENIMENTE SPECIALE ETC.)?
- ❖ SE VOR FOLOSI PREȚURI DE PENETRARE PE PIAȚĂ?

8.3. PROMOVAREA PRODUSULUI

Cea mai importantă idee a politicii de produs este orientarea către client. Produsul trebuie astfel conceput încât să satisfacă cât mai bine necesitățile clientului. Înainte de a concepe orice produs este esențial să știm dacă există o cerere pentru acest produs. Apoi, este important să aflăm dacă produsul respectă cerințele existente din punct de vedere tehnic, al siguranței în exploatare sau cerințele legale.

Tehnicile cele mai utilizate în cadrul politici de produs sunt:

- ➢ analiza ciclului de viață al produsului
- ➢ analiza gamei de produse
- ➢ marca / numele produsului
- ➢ ambalarea produsului

- ❖ PRODUSUL DISPUNE DE CARACTERISTICI IMPORTANTE ȘI UNICE?
- ❖ PRODUSUL ARE "CALITĂȚI ASCUNSE" CARE SĂ FIE IMPORTANTE PENTRU CONSUMATOR?
- ❖ CE TIP DE RECLAMĂ / PUBLICITATE SE VA FOLOSI (ZIARE, REVISTE, POȘTĂ, RADIO, TELEVIZIUNE, PLIANTE, BROȘURI, MIJLOACE DE TRANSPORT, AFIȘAJ URBAN ETC?

❖ **Ce alte forme de promovare se vor folosi (mostre gratuite, demonstrații practice, materiale informative la locul de prezentare și vânzare, bonificații, cupoane de reducere de preț etc.)?**

❖ **Cât va costa promovarea produsului? Dispune firma de acești bani?**

9. Planul operational

✓ *Includeti informatii privind toate operatiunile procesului de productie;*

✓ *Prezentati informatii cu privire la spatiile de care aveti nevoie pentru derularea activitatilor de productie/vanzare/management si organizare, inclusive ionformatii privindcosturile si modalitatile de dobandire ale acestora;*

✓ *Explicati avantajele localizarii afacerii intr-un anume loc;*

✓ *Prezentati echipamentele de care aveti nevoie in derularea afacerii si costurile acestora;*

✓ *Prezentati care sunt autorizatiile, certificatele, licentele, brevetele si amrcile de care veti avea nevoie, precum si costurile si procedurile de dobandire a acestora;*

✓ *Prezentati informatiile referitoare la salariati, atributii ale acestora, precum si politicile de resurseumane cu referire la recrutare, angajare, motivare, salarizare pe care le veti adopta;*

✓ *In cadrul planului operational puteti include informatii referitoare la furnizori, termene si modalitati de plata, stocuri de marfuri, aprovizionare;*

✓ *In cazul in care veti vinde cu plata la termen detaliati procedura de lucru*

❖ **Care este tehnologia care va fi folosită? Ce utilaje sunt necesare?**

❖ **Care va fi capacitatea de producție?**

❖ **Ce riscuri implică procesul de producție? Ce măsuri de protecție se vor lua?**

❖ **Ce materii prime și materiale se vor folosi? Cine vor fi furnizorii?**

❖ **Ce componente se vor produce în cadrul afacerii?**

❖ **Ce componente se vor cumpăra din afară ? Cine vor fi furnizorii sau subcontractanții ? Cu ce alte firme va trebui colaborat?**

❖ **Cum se va face transportul materiei prime, materialelor și componentelor achiziționate ?**

❖ **Unde se vor depozita materiile prime, materialele, componentele, semifabricatele și produsele finite.**

10. Organizarea si conducerea afacerii

✓ *Includeti informatii privind conducerea afacerii, profilele persoanelor din conducere, atributiile posturilor si limitele de competent;*

✓ *Procedurile de inlocuire a persoanelor din conducere in caz de incapacitate temporara sau permanenta;*

✓ *Prezentati structura organizatorica;*
✓ *Includeti informatii privind previziunea si gestionarea riscurilor.*

10.1. FORMA JURIDICA DE ORGANIZARE SI PROPRIETATEA

❖ CE NUME AȚI ALES PENTRU AFACEREA DVS.? DE CE?
❖ ACEST NUME ARE O SEMNIFICAȚIE ANUME?
❖ CE FORMĂ JURIDICĂ DE ORGANIZARE AȚI ALES PENTRU AFACEREA DVS.? DE CE?
❖ CINE SUNT PROPRIETARII FIRMEI (ASOCIAȚII)? CE APORT AU ADUS LA FORMAREA CAPITALULUI SOCIAL?
❖ CÂTE PĂRȚI SOCIALE/ACȚIUNI DEȚINE FIECARE ASOCIAT/ACȚIONAR ȘI CE VALOARE AU?
❖ UNDE SE VA GĂSI SEDIUL FIRMEI? DE CE?

10.2. STRUCTURA ORGANIZATORICA

❖ CE TIP DE STRUCTURĂ ORGANIZATORICĂ VEȚI ADOPTA? DE CE?
❖ ALCĂTUIȚI ORGANIGRAMA FIRMEI;
❖ DESCRIEȚI PRINCIPALELE ATRIBUȚII ALE FUNCȚIILOR ȘI COMPARTIMENTELOR DIN ORGANIGRAMĂ.

10.3. ECHIPA MANAGERIAL

❖ ÎN CE MĂSURĂ PROPRIETARII (ASOCIAȚII SAU ACȚIONARII) SE VOR IMPLICA ÎN CONDUCEREA AFACERII?
❖ CINE SUNT PERSOANELE CARE VOR CONDUCE AFACEREA?
❖ CARE SUNT PRINCIPALELE ATUURI ALE ACESTORA?
❖ ANEXAȚI CV-URILE ECHIPEI MANAGERIALE.

10.4. FORTA DE MUNCA

❖ CE FEL DE PERSONAL VEȚI AVEA NEVOIE SĂ MAI ANGAJAȚI?
❖ DESCRIEȚI STRUCTURA DE PERSONAL PE CARE O PRECONIZAȚI;
❖ DE UNDE VOR PROVENI ANGAJAȚII?
❖ CUM VEȚI FACE SELECȚIA PERSONALULUI? VA FI NEVOIE DE O PREGĂTIRE SUPLIMENTARĂ A ACESTUIA?
❖ CE SALARII ȘI ALTE BENEFICII VEȚI ACORDA PERSONALULUI DVS.?

11. PLANUL DE FINANTARE

De foarte multe ori planul de afaceri este necesar la începutul unei noi activități. Şi, de cele mai multe ori, o nouă activitate presupune o investiție nouă. Din acest motiv, în această etapă trebuie să fundamentăm în mod pragmatic, onest şi realist investiția.

A diminua sau a ignora aspecte conexe investiției (ex. infrastructura de utilități) sau de a o supradimensiona nejustificat (introducerea unor echipamente foarte scumpe, de lux) sunt greşeli frecvente care ridică imediat semne de întrebare (justificate) în mintea acționarilor, partenerilor, finanțatorilor.

Atunci cand realizati planul de finantare trebuie sa tineti cont de toate cheltuielile care apar, lista de mai jos va poate ajuta sa nu omiteti nici unul:

- ➢ Costuri de finantare a firmei
  - Autorizatii
  - Inscrierea in Registrul Comertului
- ➢ Costuri curente
  - Materii prime
  - Material consumabile, amteriale auxiliare
  - Costuri de personal (salarii, costuri sociale), salarii personal de conducere, prime si bonusuri
  - Costuri de training si formare personal
  - Impozite sit axe locale
  - Servicii externe
    - o Contabilitate
    - o Consultanta fiscal
    - o Consultanta juridical
    - o Consultanta in management
    - o Consultanta IT
    - o Concultanta PR
  - Costuri de spatiu
    - o Spatiu de birouri
    - o Spatiu de productie
    - o Spatiu de vanzari
    - o Spatiu de depozitare
  - Cheltuieli de incalzire, gaz, current, curatenie, reparatii, asigurare, apa/canal, gunoi
  - Costuri cu echipamente
  - Reparatii
  - Intretinere
- ➢ Costuri cu mijloace de transport
  - Combustibil
  - Rezivie
  - Intretinere/reparatii
  - Asigurare de raspundere civila
  - Impozite
- ➢ Costuri legate de procesul de vanzare

- Deplasari
- Materiale de prezentare
- Participari la targuri
- Costuri administrative
  - Deplasare
  - Materiale de birou
  - Comuinicatii: telefon, fax, mobil, e-mail
  - Copiere documente
  - Evidenta primara si calcularea salariilor
  - Abonamente (reviste, legislatie, intretinere echipamente)
  - Literatura de specialitate
  - Impozite si taxe

✓ **Evaluati cheltuielile de investitie;**

✓ **Realizati o previzionare a cheltuielilor directe si indirect si a veniturilor pe 12 luni;**

✓ **Puteti include si o proiectie a profitabilitatii afacerii pe patru ani;**

✓ **Analizati cash flow-ul si identificati resursele de finantare necesare, precum si costurile aferente atragerii finantarii respective;**

✓ **Prezentati o strategie de recuperare a investitiei;**

✓ **Realizati o analiza a volumului vanzarilor in functie de diferiti factori.**

11.1. BUGETUL DE LANSARE A AFACERII – VA FI DEZVOLTAT IN PARTEA FINANCIARA

❖ ENUMERAȚI TOATE ELEMENTELE NECESARE PENTRU PORNIREA AFACERII;

❖ CE VALOARE ARE FIECARE?

❖ CUM ȘI DE UNDE VA FI OBȚINUT?

❖ DIN CE SURSĂ VA FI FINANȚAT?

❖ COMPLETAȚI FORMULARUL DE BUGET DE LANSARE A AFACERII (PENTRU TOATĂ PERIOADA DE TIMP NECESARĂ PÂNĂ LA PORNIREA EFECTIVĂ A AFACERII)!

11.2. BUGETUL DE OPERARE – VA FI DEZVOLTAT IN PARTEA FINANCIARA

❖ CUM VA FUNCȚIONA EFECTIV AFACEREA?

❖ ENUMERAȚI TOATE ELEMENTELE NECESARE PENTRU FUNCȚIONAREA AFACERII?

❖ COMPLETAȚI FORMULARUL DE BUGET DE OPERARE (BUGET DE VENITURI ȘI CHELTUIELI), PENTRU CEL PUȚIN UN AN, ÎNCEPÂND DIN MOMENTUL FUNCȚIONĂRII EFECTIVE A AFACERII?

❖ PENTRU AFACERILE (FIRMELE) CARE SUNT ÎN CURS DE CONSTITUIRE, ALCĂTUIȚI BILANȚUL CONTABIL ÎN MOMENTUL ÎNCEPERII FUNCȚIONĂRII EFECTIVE;

❖ PENTRU AFACERILE (FIRMELE) DEJA EXISTENTE, PORNIȚI (ȘI PREZENTAȚI) DE LA ULTIMUL BILANȚ CONTABIL, RESPECTIV CONT DE PROFIT ȘI PIERDERE.

11.3. FINANTAREA AFACERII

- ❖ CARE ESTE NECESARUL TOTAL DE FINANTARE A FACERII?
- ❖ CÂT SE POATE ASIGURA DIN SURSELE PROPRII ALE AFACERII SAU ALE ASOCIAȚILOR?
- ❖ CÂT ESTE NECESAR SĂ SE OBȚINĂ DIN ALTE SURSE? CARE SUNT ACESTEA (CREDITE BANCARE, EMISIUNE DE ACȚIUNI SAU OBLIGAȚIUNI ETC.) ȘI CARE VA FI VALOAREA LOR?
- ❖ CARE VA FI COSTUL CAPITALULUI ? (DOBÂNZI, DIVIDENDE ETC.)?
- ❖ CUM SE VOR EȘALONA ÎN TIMP TRANȘELE DE CREDIT, RAMBURSAREA ȘI DOBÂNZILE?
- ❖ CARE VA FI SCOPUL ȘI CALENDARUL DE UTILIZARE A CREDITELOR?
- ❖ COMPLETAȚI FORMULARUL DE PROGNOZĂ A CASH-FLOW-ULUI

TEST – ANALIZA MIJLOACELOR FINANCIARE

Mijloacele de finatare strict necesare intemeierii unei firme se refera la dotarea cu echipamente si utilaje cat si la mijloacele circulante (stocuri de materii prime, materiale, semifabricate si produse finite) ca si la fondul de rezerva (tampon) de care orice intreprinzator trebuie sa dispuna in perioada de lansare a afacerii sale cand incasarile nu vor acoperi cheltuielile.

Intrebare	Categoric NU	Nu sunt	sigur		Evident DA
Ai efectuat calculul exact al resurselor financiare si materiale necesare pentru demararea afacerii?	1	2	3	4	5
Dispui de resurse proprii pentru acoperirea partiala a necesarului demarari afacerii? (economii saun aport in natura: echipamente, constructii si altele)	1	2	3	4	5
Exista posibilitatea de a obtine finantare de la rude sau cunostinte?	1	2	3	4	5
Dispui de garantii ce urmeaza a fi oferite unei banci pentru un eventual credit?	1	2	3	4	5
Capitalul de start de care dispui este suficient pentru perioada in care cheltuielile vor fi depasite de incasari?	1	2	3	4	5
Calculele tale referitoare la veniturile previzionate sunt fundamentate pe baza unor date certe de piata?	1	2	3	4	5
Ai luat in calcul toate cheltuielile posibile?	1	2	3	4	5

Pentru obtinerea rezultatului va trebui sa adunati punctajele intrebarilor dupa care sa impariti numarul total de puncte la numarul intrebarilor.

4 - 5	2.5 - 4	1.5 - 2.5	< 1.5
Daca calulele tale sunt realiste inseamna ca dispui de banii necesari lansarii afacerii. Fii atent sa-i cheltuiesti de la inceput cu chibzuinta chiar daca nu-ti lipsesc.	Nu dispui in totalitate de banii necesari, dar bani de completare se pot gasi. Daca ideile tale sunt bune, daca piata merge atunci si businesul tau va mege	Din punct de vedere financiar nu stai pe bine. Inainte de a lansa afacerea fara o asigurare financiara corespunzatoare trebuie sa te gandesti foarte bine. Sigur vei lua decizia cea mai buna.	Fara sa dispui de capitalul necesar este extrem de greu sa reusesti de la inceput. Poate dupa o mica asteptare lucrurile se vor inbunatati. Niciodata nu e prea tarziu pentru a fasi alta solutie.

7. CALCULAREA BUGETULUI NECESAR IN FUNCTI DE COSTURI

7.1. CALCULUL COSTURILOR

Costurile reprezinta consumuri de resurse determinate de activitatea firmei, exprimate monetar. Aceste resurse pot fi de materii prime, persoanl, capacitati de productie, etc. si sunt exprimate in mod sintetic prin aceeasi unitate de masura.

7.1.1. TIPURI DE COSTURI

COSTURI DIRECTE-INDIRECTE

In functie de legatura cu produsul final costurile se impart in in:

Costuri directe

Sunt costuri care pot fi regasite in totalitate in produsul finit sau in serviciul prestat. Ex: materii prime, manopera, energie

Costuri indirecte

Sunt costuri care apar in procesul de realizare a produsului dar nu se regasesc direct si complet in produsul final sau serviciul oferit. Ex: salarii, cheltuieli de birou, paza etc.

COSTURI VARIABILE – FIXE
Costuri variabile

Aceste costuri variaza direct proortional cu volumul productiei Ex: materii prime, materiale, manopera, energie

Costuri fixe

Aceste costuri raman fixe odata cu modificarea volumului de productie. Ex: chiriia spatiilor, amortizarea echipamente etc.

Costurile, calculul si controlul costurilor fac obiectul unei ramuri a managementului, cantabilitate manageriala sau, utilizand terminologia de provenienta franceza, contabilitate de gestiune.

Contabilitatea de gestiune este o obligatie a fiecarui agent economic, in principal in scopul determinarii valorii stocurilor de productie finita sau neterminata, date pe care contabilitatea de gestiune le furnizeaza catre contabilitatea financiara, dar si in scopul furnizarii de informatii catre managementul firmei in ceea ce priveste rentabilitatea unui produs sau a unei activitati.

Contabilitatea de gestiune se organizeaza de catre fiecare unitate patrimoniala in functie de specifiul activitatii si necesitatile proprii, avand ca obiecte principale urmatoarele:

- Calcularea costurilor
- Stabilirea rezultatelor si a rentabilitatii
- Lucrarile si serviciile executate

Intocmirea bugetului de venituri si cheltuieli pe feluri de activitati, urmarirea si controlul executarii acestora in scopul cunoasterii rezultatelor si furnizarii datelor necesare fundamentarii deciziilor privind gestiunea unitatii patrimoniale si altele.

7.1.2. METODE DE CALCULARE A COSTURILOR

In mod curent, pe plan international, se utilizeaza trei metode majore de calculatie a costurilor:

- Metoda absorbtiei
- Metoda costurilor directe
- Metoda ABC (costurilor in functie de activitati)

Aceste trei metode reprezinta fiecare avantaje si dezavantaje, alegerea uneia dintre metode fiind determinata de specificul activiatii firmei. Este recomandabil ca pentru proiectarea sistemullui potrivit de contabilitate manageriala si eventual a sistemului informatic adecvat sa se apeleze la un consultant in management.

7.2.   BUGETAREA

Realizarea unui buiget reprezinta o planificare a firmei pentru o perioada viitoare exprimata in termeni monetari.

Realizarea bugetului este utila pentru:

-   Permite cuantificarea obiectivelor viitoare ale organizatiei in expresii monetare
-   Obluiga managementul sa proiecteze evolutia organizatiei in viitor
-   Este un mecanism de alocare a resurselor existente
-   Asigura un cadru de control

Exista doua metode principale de realizare a unui buget:

7.2.1. METODA INCREMENTALA

Este metoda traditionala de a realiza un buget. Ea se bazaeaza pe volumul de cheltuieli din anul curent care se ajusteaza in functie de cresterea/descresterea prevazuta a activitatilor firmei sau se corecteaza in indicele inflatiei.

Aceasta metoda este o metoda rezonabila, atat timp cat cheltuielile din exercitiu curent sunt facute cu maxima eficienta. Este o metoda adecvata pentru a bugeta de exemplu volumul de salarii din anul viitor, care pot fi estimate pornind de la salariile curente ajustate cu inflatia si cu eventualele mariri pe care le preconizam anul viitor.

In general aceasta metoda ineficienta, deoarece simuleaza cheltuirea unor bani chiar daca nu este, doar penru a ne incadra in buget. Iar ineficientele dint trecut sunt perpetuate pentru ca nivelele de costuri nu se schimba de la un an la altul.

7.2.2. METODA IN CARE SE PORNESTE DE LA 0

In cadrul acestei metode pronind de la o baza egala cu 0. Fiecare element de cheltuiala din buget trebuie justificat in intregime pentru a fi prins in bugetul viitor.

In realitate nu este totdeauna nevoie sa pronim de la 0, ci putem porni de la niveulul curent al cheltuielilorm si nu putem intreba „ce s-ar intampla daca erspectibul element de buget ar fi modificat: scazut, marit sau eliminat?" In acest fel fiecare element de buget este evaluat prin prisma costului sau beneficiului care-l genereaza.

Implementarea unui sistem de „bugetare pornind de la 0" implica mai multi pasi – este recomandabil sa apelati la un profesionist in cazul in care activitatea dumneavoastra este comlexa. Important este ca aceasta metoda de bugetare va va determina ca, in procesul de realizare a bugetului viitor, sa va puneti intrebari de genul:

- Activitatea respectiva este necesara in realitate?
- Care ar fi consecintele daca activitatea nu ar fi derulata?
- Nivelul curent al cheltuielilor este suficient?
- Exista alte modalitati de a derula/finanta activitatea?
- Oare cat ar trebui sa coste in realitate activitatea?
- Cheltuiala induce un beneficiu intr-adevar valoros?

7.3. DE CE ESTE NECESARA CALCULAREA COSTURILOR SI BUGETAREA

Evident atat timp cat calcularea costurilor nu este mentionata in mod expres ca fiind obligatorie pentru o întreprindere si la fel nici bugetarea, o întreprindere fie ea mica si mijlocie, aparent s epoate lipsi de aceste activitati. Ele implica oarecare costuri: de personal, de echipamente de calcul, de achizitie de soft. Iar atunci a nu le realiza poate fi aparent o sursa de economie.

O astfel de conceptie sau de mentalitate este exrtrem de daunatoare. Iata cateva exemple de posibile implicatii negative ce se manifesta in cazul IMM care ignora aceste instrumente de conducere:

- Nu au nici o fundamentare asupra costurilor cu care realizez produsele sau serviciile meole; ca urmare fie vand pe piata cu un pret care nu-mi acopera cheltuielile si atunci nu am profit, fie refuz un client si sunt lipsit de o incasare in cazul in care consider in mod impiric si cel mai adesea gresit ca pretul propus unui client nu este accceptabil;
- Nu am un control riguros asupra consumului de resurse, fie ca este vorba de salariati, de materii prime sau de alte categorii de resurse;
- Nu pot diferentia, pe ansamblul firmei mele, compartimentele, activitatile sau persoanele care lucreaza eficient de cele care irosesc in mod ineficient resursele; ce poate fi mai daunator pentru profitabilitatea unei organizatii decat lipsa unei motivatii pentru a lucra eficient in folosul organizatiei si al individului;
- Fara un buget de venituri si cheltuieli pe o anume perioada (de exemplu un an) pur si simplu ca intreprinaztor sunt liopsit de instrumentul elementar de control al profitabilitatii afacerii mele;

Daca nu imlementezi un sistem de calculare a costurilor si de bugetare de la inceput vei sti ca acesta este absolut necesar atunci cand:

- In ultimul timp ai constata ca profitul realizat este prea mic sau chiar inexistent
- Ai remarcat o scadere a profitabilitatuii si productivitatii pe ansamblu afacerii tale
- Ai constatat ca nu reusesti sa gasesti clienti pe piata pe care concuenta totusi ii gaseste
- Nu poti sa retunrezi creditele
- Dividendele tale sunt sub asteptari

8. BILANTUL, CONTUL DE PROFIT SI PERDERI, FLUXUL DE NUMERAR

Un intreprinzator trebuie sa stie contabilitate?

La aceasta intrebare pot exista mai multe raspunsuri pe care le delimitam intre urmatoarele extreme:

- Intreprinzatorul „expeditiv"
  Pe mine nu ma intereseazaz ce scrie in aceste hartii pe care le semnez „ca primaul". Asta este treaba contabilului meu! De aia il platesx, ca sa le faca, la timp si sa mi le puna sub nas sa le semnez. Eu am alte treburi mai importante!
- Intreprinzatorul „meticulos"
  Toate rapoartele contabile, fie vorba de bilant sau altele, le fac eu cu mana mea. Trebuie sa stiu tot ce scrie pe ele. In definitiv e afacerea mea, nu a contablilului!

Desigur ca nici una dinc ele doua situatii extreme nu este de recomandat. Pentru un intreprinzator este util sa cunoasca in esenta acestor rapoarte contabile, nu fiindca legea il obliga sa le intocmeasca, ci fiindca prin ele poate lua pulsul propriei sale afaceri. In cele ce urmeaza se prezinta sintetic, pe intelesul tuturor, intr-o formula simplificata cele trei tipuri de rapoarte care sunt relevante pentru fiecare intreprinzator si anume:

- Bilantul
- Cont de profit si pierdere
- Calculul lichiditatilor

8.1. BILANTUL

- Reprezinta situatia patrimoniala a intreprinderii
- Arata sursele de finantare ale firmei (PASIV) si pe de alta parte modul in care acestea au fost utilizate (ACTIV)

De unde provin banii firmei **PASIV**	In ce scop sau cheltuit banii firmei **ACTIV**

Capital propriu
  - Capital social
  - Rezultatul exercitiului
  - Rezerve
	Active imobilizate
	  - Imobilizari necorporale
	  - Imobilizari corporale
	  - Imobilizari financiare

Provizionare pentru riscuri si cheltuieli	Active circulante
	  - Stocuri
	  - Creante
	  - Disponibilitati

Datorii totale	Conturi de regularizare - activ

Axinte V. Ciprian – Initierea unei afaceri – Realizarea unui plan de afaceri de la A la Z

- Datorii pe termen scurt - Datorii pe termen lung	
Conturi de regularizare - pasiv	Prime privind rambursarea obligatiunilor

PASIVUL reprezinta acea parte a bilantului care arata sursele de finantare ale firmei. Ordinea de asezare in bilant este de la sursele permanente si pe termen lung la cele pe termen scurt

Capitalul propriu format din:

- Capital social
- Rezultatul exercitiului
- Rezerve

Reprezinta cea mai stabila sursa de finantare: sunt banii proprietarilor, care se presupune ca se vor retrage ultimii din afacere.

Provizioane pentru riscuri si cheltuieli: rezerve ale firmei pentru posibile viitoare pierderi

Datopriile sunt grupate in doua categorii:

- Datorii pe termen lung (credite de la banci)
- Datorii pe termen scurt (credite pe termen scurt, datorii catre furnizori, etc.)

Conturile de regularizare: reflecta regularizarile contabile care apar pe parcursul unui exercitiu financiar

ACTIVUL reprezinta acea parte a bilantului care arata cum au fost consumate resursele atrase de firma

Active imobilizate

- Imobilizari necorporale
- Imobilizari corporale
- Imobilizari financiare

Sunt reflectate toate investitiile pe termen lung pe care le-a facut firma: de la cladiri, utilaje, mijloace de transport, licente si brevete pe care le detine.

Active circulante

- Stocuri
- Creante
- Disponibilitati

Axinte V. Ciprian – Initierea unei afaceri – Realizarea unui plan de afaceri de la A la Z

Fondul circulant al fimrei care se schimba de la un an la altul, in functie de procesul de productie. In general, activitatea firmei este reflectata in aceasta pozitie bilantiera.

Conturile de regularizare reflecta regularizarile contabile care apar pe parcursul unui exercitiu financiar.

Prime privind rambursarea obligatiunilor: este o pozitie bilantiera care apare doar in cadrul societatilor care emit obligatiuni.

8.2. CONTUL DE PROFIT SI PERDERE

Formular simplificat al contului de profit si pierderi

(+) Vebnituri din exploatare

- Venituri din vanzarea amrfurilor
- Productia exercitiului
- Alte cheltuieli de exploatare

(-) Cheltuieli pentru exploatare

- Cheltuielimprivind marfurile
- Cheltuieli materiale
- Chekltuieli cu servicii
- Cheltuieli cu personalul
- Cheltuieli cu amortizarile
- Alte cheltuieli de exploatare

(=) REZULTATUL DIN EXPLOATARE

(+) Venituri financiare

(-) Cheltuieli financiare

(=) REZULTATUL FINANCIAR

REZULTATUL CURENT AL EXERCITIULUI

= REZULTATUL DIN EXPLOATARE + REZULTATUL FINANCIAR

(+) Venituri exceptionale

(-) Cheltuieli exceptionale

(=) REZULTATUL EXCEPTIONAL

REZULTATUL BRUT

= REZULTATUL DIN EXPLOATARE + REZULTATUL FINANCIAR + REZULTATUL EXCEPTIONAL

(-) Impozit pe profit

REZULTATUL NET

Contuld e profit si pierderi reflecta situatia fiscala a firmei. Acesta este impariti in trei capitole importante ale activitatii firmei:

1. Activitatea de productie (eploatare)
2. Activitatea financiara
3. Activitatea exceptionala (evenimente care apar in mod exceptional in exercitiu financiar respectiv)

8.3. CALCULUL DE LICHIDITATI

Prezentarea celor doua formule:

a) Metoda directa

Fluxurid e numera din activitati de exploatare:

- Incasarile in numerar din vanzarea de bunuri si prestarea de servicii;
- Incasarile in numerar provenite din redevente, onorarii, comisioane si alte venituri;
- Platile in numerar catre furnizorii de bunuri si servicii;
- Platuile in numerar catre si in numele anagajatilor;
- Platile in numerar sau restituiri de impozit pe profit, doar daca nu pot fi identificate in mod scpecific activitatile de investitii si de finantare

Fluxul de numerar din activitati de investitii:

- Platile in numera pentru a achizitiona terenuri si mijloace fixe, active necorporale si alte active pe termen lung;
- Incasarile in numerar din vaznarea de terenuri si cladiri, insalatii si echipamente, active necorporale si alte active pe termen lung
- Platile in numerar pentru achizitia de instrumente de capital propriu si de creanta ale altor intreprinderi;
- Incasarile in numerar din vanzarea de instrumente de capital propriu si de creanta ale altor intreprinderi;
- Avansurile in numerar si imprumuturiel efectuate catre alte parti;

- Incasarile in numerar din rambursarea avansurilor si imprumuturilor efectuate de catre alte parti;

Fluxuri de numerar din activitati de finantare

- Venituri in numerar din emisiunea de actiuni si alte instrumente de capital propriu;
- Platile in numerar catre actionari pentru a achizitiona sau a rascumpara actiunile intreprinderii;
- Venituri in numerar din emisiunea de obligatiuni, credite, ipoteci, si alte imprumuturi;
- Rambursarile in numerar ale unro sume imprumutate;
- Platile in numerar ale locatarului pentru reducerea obligatiilor legate de o operatiune de leasing financiart

Fluxuri de numerar – total

Numerar la inceputul perioadei

Numerar la sfarsitul perioadei

b) Metoda indirecta

Fluxuri de numerar din activitati de exploatare:

- Rezultat net;
- Modificarile pe pe parcursul perioadei ale capitalului circulant;
- Ajustari pentru elemente monetare si alte elemenete incluse la activitatile de investitii sau de finantare;

Fluxuri de unmerara din activitati de investitii:

- Platile in numerar pentru achizitionarea de terenuri si mijloace fixe, active necorporale si alte active pe termen lung;
- Incasarile de numerara din vanzarea de terenuri si cladiri, instalatii si echipamente, active necroproale si alte active pe termen lung;
- Platile in numerar pentru achizitia de instrumente de capital propriu si de creanta ale altor intreprinderi;
- Incasarile in numerar din vaznarea de instrumente de capital propriu si de creanta ale altor intreprinderi;
- Avansurile in numerar si imprumuturile efectuate catre alte parti;
- Incasarile in numerar din rambursarea avansurilor si imprumuturilor efectuate catre alte parti

Fluxuri de numerara din activitati de finantare:

Axinte V. Ciprian – Initierea unei afaceri – Realizarea unui plan de afaceri de la A la Z

- Veniturile in numerar din emisiunea de actiuni si alte instrumente de capital propriu;
- Platile in numerar catre actionari pentru a achizitiona sau a rascumpara actiunile intreprinderii;
- Veniturile in numerar din emisiunea de obligatiuni, credite, ipoteci si alte imprumuturi;
- Rambursarile in numerar ale unor sume imprumutate;
- Platile in numerar ale locatarului pentru reducerea obligatiilor legate de o operatiune de leasing financiar

Fluxuri de numerar –total

Numerar la inceputul periaodei

Numerar la sfarsitul perioadei

Contul de profit si pierderi reprezinta situatia fiscala a firmei in timp ce fluxul de lichiditati reprezinta situatia fnanciara a firmei.

8.4. EXEMPLIFICARE

Societatea comerciala ABC SRL s-a constiutit la 15.1.2015 prin aportul unicului asociat, in valoare de 5.000.000 lei.

La 17.1.2015 firma a achizitionat un utilaj in valoare de 2.500.000 ei, stocuri de materii prime de 1.000.000 lei, restul banilor de 1.500.000 lei fiind in banza.

De asemena, firma a contractat un credit pe termen scurt in valaore de 1.000.000 lei, din care a a achizitionat o licenta de fabricateie.

La 31.12.2015, bilantul firmei se prezinta astfel:

ACTIV			PASIV	
Active imobilizate			Capital propriu	
- licenta fabricatie		1.000.000	- Capital soc1al	5.000.000
- utilaj		2.500.000		
Active circulante			Provizionare pentru riscuri si cheltuieli	
- Stocuri de materii prime		1.000.000		
- Disponibilitati		1.500.000		
Conturi de regularizare - activ			Datorii totale	
			Credit pe termen scurt	1.000.000
Prime privind rambursarea obligatiunilor			Conturi de regularizare - pasiv	
TOTAL	**6.000.000**		TOTAL	6.000.000

Societatea ABC SRL, in luna februarie, a avut urmatoarele operatii:

- A cumparat materiale in valoare de 500.000 lei
- A paltiti salarii in valoare de 350.000 lei
- A platit dobanzi la banca in valoare de 10.000 lei
- A inregistrat amortizari in valoare de 5.000 lei
- A vandut produsele realizate cu 1.200.000 lei
- A incasat dobanda pentru lichiditatile din banca in valoare de 8.000 lei

In aceasta situatie Contul de profit si perderi si Fluxul de numerar se prezinta astfel:

Contul de profit si pierderi	
(+) Venituri din exploatare	
- Produse	1.200.000
(-) Cheltuieli exploatare	
- materiale	500.000
- salarii	350.000
- amortizari	5.000
REZULTATE EXPLOATARE	**345.000**
(+) Venituri financiare	
- dobanzi incasate	8.000
(-) Cheltuieli financiare	
- dobanzi platite	10.000
REZULTATUL FINANCIAR	-2.000
REZULTATUL CURENT	343.000
REZULTATUIL EXCEPTIONAL	0
REZULTATUL BRUT	343.000
(-) impozit pe profit de 25%	85.750
REZULTATUL NET	257.250
Fluxul de numerar	
SOLD INITIAL	**0**
Incasari din vaznarea produselor	1.200.000
Incasari din dobanzi bancare	8.000
TOTAL INCASARI	**1.208.000**
Plati materiale	500.000
Plati salarii	350.000
Plati dobanzi	10.000
PLati impozit pe profit	85.750
TOTAL PLATI	**945.750**
SOLD LUNA	262.250
SOLD FINAL (sold initial + incasari - plati)	262.250

Dupa cum se poate observa rezultatul exercitiului nu este acelasi cu soldul final al Fluxului de numera. O parte din cheltuieli (cum ar fi amortizarea) nu reprezinta si o plata.

9. ANEXEE

Anexele cuprind o varietate de documente referitoare la activitatea şi performanţele firmei, de natură să aducă un plus de informaţii şi argumente destinatarului planului de afaceri. Cele mai frecvente sunt:

- contracte proforma care să dovedească intenţia unor clienţi de a cumpăra produsele sau serviciile fabricate în cadrul firmei;
- oferta pentru justificarea costurilor investiţionale de utilaje, echipamente, etc.;
- oferta de preţ pentru materii prime şi materiale utilizate în procesele tehnologice.

Evident că nu pot fi propuse formate – cadru, imitative, pentru planul de afaceri. Însă în cazul anumitor programe de finanţare pot fi puse la dispoziţia solicitanţilor formate cadru specifice. Ca manager – antreprenor trebuie să-ţi alcătuieşti planul afacerii tale. Poţi introduce acele materiale care te pot ajuta să-ţi prezinţi mai bine afacerea, ca de exemplu: certificate de studii/calificări ale echipei manageriale şi ale resurselor umane, certificate de calitate, aprecieri de la clienţi, aprecieri de la bancă, detalii tehnologice sau constructive şi orice alte materiale sau documente pe care managerul – antreprenorul le consideră relevante în prezentarea propriei afaceri.

ANEXA I – SABLON PLAN DE AFACERE PENTRU INTRODUCEREA UNUI NOU PRODUS

1. REZUMAT

1. Numele firmei:
2. Codul uni de inregistrare
3. Forma juridica de constituire
4. Activitatea principala a societatii si codul CAEN al activitatii principale:
5. Natura capitalului scocial

Natura capital social %	Public	Privat
Roman		
Strain		

6. Valoarea capitalului
7. Date de contact
8. Persoana de contact
9. Conturi bancare deschise la:
10. Asociati,a ctionari principali

Numele	Adresa (sediul)	Pondere in capitalul social (%)

2. VIZIUNE, OBIECTIVE, STRATEGIE

Care este esenta afacerii?

_____

_____

Ce anume va aduce profit?

_____

_____

Cine vor fi clientii tai?

Clienti	Anul I		Anul II		Anul III		Anul III		Anul IV		Anul V	
	Ron	%	Ron	%	Ron	%	Ron	%	Ron	%	Ron	%
Total cifra de afaceri		100		100		100		100		100		100

Unde vrei sa ajungi peste „n" ani? Fixeaza-ti obiective cuantificabile.

La ce cifra de afaceri crei sa ajungi/

Cum doresti sa te extinzi?

Obiective	UM	Anul I	Anul II	Anul III	Anul IV	Anul V
Cifra de afaceri	Lei					
Export	Lei					
Profit	Lei					

Care sunt punctele tale tari? De ce crezi ca vei avea succes?

Exemplu: Cunostinte tehnice, cunostinte economice, potential financiar, capacitate de munca

3. ISTORIC, MANAGEMENT, RESURSE UMANE, ACTIVITATE CURENTA

3.1. ISTORIC

La acest c apitol veti raspunde la intrebari de genul:

Cum a aparut ideea afacerii dumneavoastra?

Care sunt principalele etape de dezvoltare pana in prezent?

Ce activitati genereaza astazi profitul firmei si sursele de dezvoltare?

3.2. MANAGEMENT, RESURSE UMANE

Nume si prenume	Functia	Studii si specializari

Puteti sa atasati si cate un CV pentru fiecare persoana relevanta.

Axinte V. Ciprian – Initierea unei afaceri – Realizarea unui plan de afaceri de la A la Z

Managemntul unei organizatii este determinant pentru evolutia acesteia.

Incercati sa evidentiati felul in care cunostintele/specializarile/ experienta fiecaruia dinre anagjatii reprezentativi va influenta in mod pozitiv evolutia firmei

Detaliere pe activitati

Activitatea	Numar de salariati
TOTAL	

Atasati si o organigrama

3.3 ACTIVITATEA CURENTA

1. Produsele sau serviciile actuale:

Puteti descrie tipul de produse sau servicii, caracteristicile acestora, procentul din cifra de afaceri, nivelul de preturi.

Produs/serviciu	Pondere in vanzarile totale
Produsul 1	
Produsul 2	
Serviciul 1	

2. Principalii furnizori actuali de materii prime si amteriale:

Furnizori	Forma de proprietate	Valuarea anuala a achizitiilor (lei)
Materie prima		
Materie prima		
Serviciu		

3. Descrierea procesului tehnologic actual
4. Date tehnice cu privire la principalele masini, utilaje de transport aflate in proprietatea firmei:

Mijloc fix	Caracteristici tehnice	An fabricatie	Valoare estimata

5. Imobile existente

Denumire	Destinatie	Proprietate		Inchiriate	
		Valoare	Ipoteci	Valoare chirie	Perioada de inchiriere

4. ANALIZA PIETEI

4.1. PIATA ACTUALA

1. Principalii clienti

	Vanzari pe clienti Lei	Produse/servicii					Total	
		Produsul 1	Produsul 2	Produsul 3	Produsul 4	Produsul 5	Lei	%
Clienti interni	1							
	2							
	Total piata interna							
Clienti externi	1							
	2							
	Total piata externa							
Total								

2. Principalii concurenti

Produs/serviciu oferit	Firme concurente in conditiile lansarii pe piata a produselor si/sau serviciilor noi	
	Denumirea firmei	Ponmderea pe piata (%)

3. Principalele avantaje ale noilor produse/servicii oferite

Exemplu: Pret, Calitate, caracteristici noi, Servicii pot-vanzare

4. Reactia previzibila a concurentei la apariția de noi oferte pe piata:
5. Cum se va realiza desfacerea produselor:

Produs/serviciu	Pondere in cifra de afaceri (%)	Forme de desfacere (%)			

6. Activitati de promovare a vaznzarilor:
    Exemplu: Publicitate, lansare oficiala, pliante, brosuri, plata in rate

Descrieti care este strategia de promovare pentru lansarea produselor/serviciilor si dupa aceea estimati costurile anuale de promovare.

Cheltuieli pentru romovarea produselor/serviciilor pe categorii de cheltuieli (Lei)	Anul I	Anul II	Anul III
Total cheltuieli			

5. ANALIZA COSTURILOR DE OPERARE

5.1. PRODUSE NOI:

Descrieti tipul de produse/servicii si caracteristici, procentul din total vaznari, pret

Produs/serviciu	Ponderea in vanzarile totale
Produsul 1	
Serviciul 1	
Produsul Nou 1	
Serviciul Nou 1	

5.2. PRINCIPALII FURNIZORI DE MATERII PRIME

Furnizori		Forma de proprietate	Valuarea anuala a achizitiilor (lei)
Materie prima			
Materie prima			
Serviciu			

Descrieti cum v-ati propus sa faceti aprovizionarea, cine va asigura transportul, etc.

5.3. DESCRIETI PROCESUL TEHNOLOGIC

Descrieti pe scurt procesul tehnologic si inbunatatirea adusa prin proiectul de investitii

5.4. IMPACTUL ASUPRA MEDIULUI

Descrieti cum poate proiectul afecta mediul, si ce solutii ati gandit pentru eliminarea acestor efecte.

5.5. CHELTUIELI ANUALE DE PRODUCTIE

Detaliati cheltuielile directe si indirecte anuale ale activitatii ce se va desfasura in urma implementarii proiectului la capacitate maxima

Cheltuieli de productie directe	Suma	%
Materii prime		
Materiale auxiliare		
Manopera directa (salarii + taxe si contributii sociale)		
Energie, alte utilitati		

Axinte V. Ciprian – Initierea unei afaceri – Realizarea unui plan de afaceri de la A la Z

Subansamble		
Servicii sau lucrari subcontractate		
Alte cheltuieli directe		
Administratie/Management		
Cheltuieli de Birou/Secretariat		
Cheltuieli de transport		
Cheltuieli de paza		
Cheltuieli de protectia muncii si a mediului		
Alte cheltuieli indirecte		
TOTAL		

5.6. VENITURI ANUALE PRECONIZATE

Detaliati volumul vanzarilor anuale pentru fiecare categorie de produs/servicii oferite priin implementarrreaaa proiectului la capacitatea maxima a echipamentelor.

Vanzari la capacitate maxima	Suma (lei)
Produsul 1	
Produsul 2	
Servciiul 1	
TOTAL	

6. INVESTITII NECESARE

6.1. DESCRIEREA INVESTITIE PROPUSE IN CONTEXTUL PROCESULUI TEHNOLOGIC DESCRIS ANTERIOR

Obiectul investitiei	Furnizor	Valoarea estimata	Durata de amortizare
TOTAL			

Se pot anexa oferte de la principalii furnizori, precum si proiectul, autorizatiile si avizele necesare

6.2. MODUL DE ASIGURARE A CALITATII

Unde va fi implementat proiectul, adresa, descrierea spatiului si cum sunt asigurate utilitatile necesare.

6.3. GRAFICUL DE REALIZARE A INVESTITIEI

Activitate	Durata emplementare					
	Luna 1	Luna 2	Luna 3	Luna 4	Luna n	Luna N+1

6.4. MODIFICARILE NECESARE A FI EFECTUATE LA ECHIPAMENTELE, CLADIRILE EXISTENTE

6.5. MODIFICARI NECESARE A FI OPERATE IN STRUCTURA SI NUMARUL PERSONALULUI ANGAJAT

Prezentati numarul de posturi create, tipul postului, calificarea necesara, salariul lunar p;ropus, inclusiv costurile referitoare la impozite si contributii sociale. Puteti descrie cum intentionati sa recrutati personalul necesr si cum il veti instrui pentru postul respectiv, precum si ec program de pregatire ganditi in viitor si cum sa va propuneti sa motivati personalul

7. PROIECTII FINANCIARE

7.1. INDICATORI ECONOMICI AI SITUATIEI TRECUTE

	Anul		
	N-2	N-1	N
Rata curenta a lichiditatii			
Rata rapida a lichiditatii			
Rata de recuperare a creantelor			
Rata profitului			
Rata solvabilitatii			

Bilanturile contabile pe ultimii trei ani si pe ultimul semestru pot fi atasate

7.2. PLAN DE FINANTARE A INVESTITIEI

	Suma	**%**
Credite bancare		
Capital propriu		
Alte surse		
TOTAL		

In cadrul planului de afaceri este recomandabil sa se reprezinte:

7.3. PROEICTII FINANCIARE ALE FLUXULUI DE NUMERA (CASH-FLOW)

	AN	N-2	N-1	N	N+1	N+2	N+3	N+4	N+5
Fluxuri de numerar dina ctivitati de exploatare	- Incasarile in numerar din vanzare de bunuri si prestarea de servicii								
	- Incasarile in numerar provenite din revedente, onorarii comisioane si alte venituri								
	- Platile in numerar catre furnizorii de bunuri si servicii								
	- Platile in numerar catre si in numele angajatilor								
	- Platile in numerar sau restituiri de impozit pe profit								
Fluxuri de numerar din activitati de investitii	- Platile in numerar pentru achizitionarea de terenuri si mijloace fixe, active neorporate si alte active pe termen lung								
	- Incasarea de numerar din vanzarea de terenuri si cladiri, instalatii si echipamente, active necorporale si alte active pe termen lung								
	- Platile in numerar pentru achizitia de - - instrumente de capital								

Axinte V. Ciprian – Initierea unei afaceri – Realizarea unui plan de afaceri de la A la Z

	propriu si de creanta ale altor intreprinderi								
	- Incasarile in numerar din vanzarea de instrumente de capital propriu si de creanta ale altor intreprinderi								
	- Avansurile in numerar si imprumuturile efectuate catre alte parti								
	- Incasarile in numerar din rambursarea avansurilor si imprumuturilor efectuate catre alte parti								
Fluxuri de numeeerar din activitati de finantare	- Veniturile in numerar din emisiunea de actiuni si alte instrumente de capital propriu								
	- Platile in numerar catre actionari pentru a achizitiona sau a rascumpara actiunile intreprinderii								
	- Veniturile in numerar din emisiunea de obligatiuni, credite, ipoteci si alte imprumuturi								
	- Rambursarile in numerar ale unor sume imprumutate								
	- Platile in numerar ale locatarului pentru reducerea obligatiilor legate de o operatiune de leasing financiar								
Fluxuri de numrar - total									
Numerar la inceputul perioadei									
Numerar la sfarsitul perioadei									

Axinte V. Ciprian – Initierea unei afaceri – Realizarea unui plan de afaceri de la A la Z

7.4. PROIECTII FINANCIARE INTEGRALE ALE BILANTULUI, CONTURI DE PROFIT SI PIERDERE SI ALE FLUXULUI DE NUMERAR

Lei	Actual			Proiectii					
	N-2	N-1	N	N+1	N+2	N+3	N+4	N+5	N+6
ACTIVE									
Active circulante									
Numerar existent la inceputul perioadei									
Numerar generat de activitatea de exploatare									
Creante									
Stocuri									
Alte active circulante									
Total active circulante									
Active fixe									
TOTAL ACTIVE									
CAPITAL SI DATORII									
Datorii curente									

ANEXA II – NETEXPERT

Cuprins

Axinte V. Ciprian – Initierea unei afaceri – Realizarea unui plan de afaceri de la A la Z

1. SINTEZA PLANULUI DE AFACERI

Netexpert va fi o firma furnizoare de servicii de internet pe piata locala, concomitent cu prestarea de servicii legate de realizarea de pagini WEB pentru firmele din judetul Neamt si a altor judete limitrofe. Sediul acestei firme va fi in orasul Targu Neamt (Neamt), iar livrarea serviciilor de internet se va face in zona centrala a orasului.

Acest plan de afaceri se vrea a fi prima componenta a unei planificari regulate a proceselor din cadrul firmei ce se va infiinta.

Punctele noastre forte vor fi:

- Viteza de accesare in cadrul internetului (calitate crescuta);
- Costuri sub nivelul concurentei;
- Calitatea crescuta a paginilor de web realizate;
- Ambientul in care clientii vor consuma serviciile oferite;
- Serviciile auxiliare furnizate clientilor;

Firma va beneficia de un management performant, fiindca intreprinzatorul are cunostiinte vaste in management.

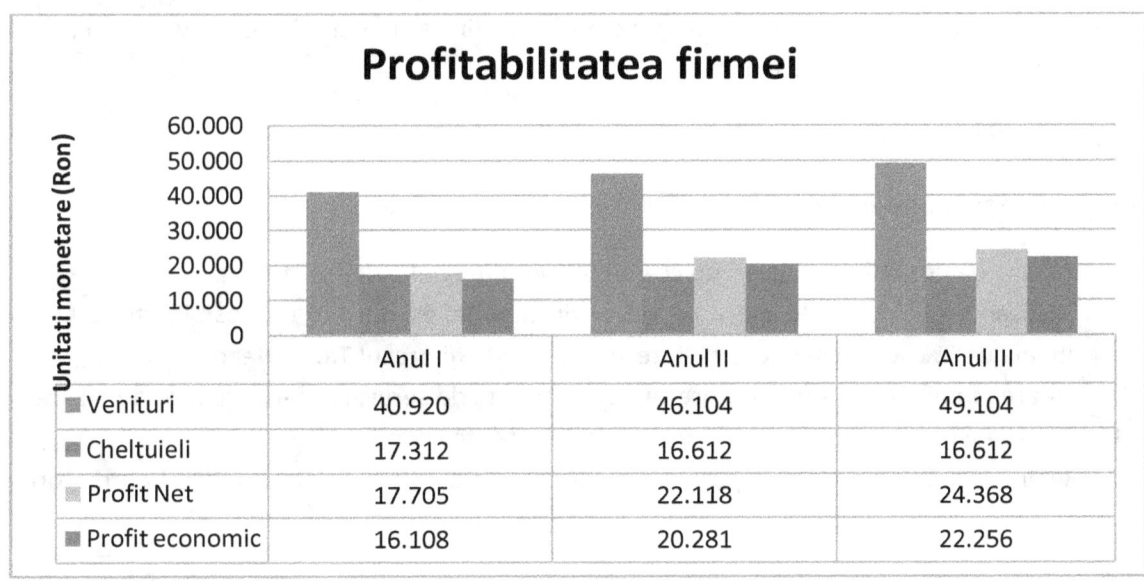

Profitabilitatea firmei

	Anul I	Anul II	Anul III
Venituri	40.920	46.104	49.104
Cheltuieli	17.312	16.612	16.612
Profit Net	17.705	22.118	24.368
Profit economic	16.108	20.281	22.256

1.1. Misiunea

Scopul principal

Scopul principal al firmei Netexpert este acelsa sa se permanentizeze ca o firma furnizoare de servicii Internet, concomitant cu prestarea de servicii legate de realizarea de pagini WEB, straduindu-se sa fie in masura sa ofere servicii si produse necesare, care sa satisfaca clientii sis a asigure castiguri optime si profituri pe termen lung.

Ce facem noi?

Domeniile principale de activitateale firmei sunt furnizarea de servicii de internet pentru populatie si realizarea de pagini WEB, indeosebi pentru firme. Pentru realizarea acestor scopuri fundamentale si de a dispune de atuuri puternice firma se va angaja in colaborare cu firme mari care furnizeaza servicii de internet. Toate activitatile firmei vor fi in concordant cu responsabilitatile sale, vizavi de investitori, client, salariati si opinia publica.

Unde actionam?

Livrarea serviciilor de internet se va face pe piata locala a orasului Targu Neamt. Serviciile referitoare la realizarea paginilor WEB vor fi destinate in special firmelor din judetul Neamt , precum si firmelor din judetele limitrofe. Bineinteles ca firma nou create va servi orice client din orice zona a tarii daca vor exista solicitari

1.2. Obiective

Obietivele firmei Netexpert sunt stabilite pe o perioada de trei ani:

1. Realizarea unei cifr de afaceri de cca 50.000 Ron in anul 3 de functionare;
2. Realizarea unei cote de piata de cel putin 50% in primul an, cu posibilitati de crestere anuala de 3% pentru servicile de internet furnizate in orasul Targu Neamt
3. Crearea unei clientele fidele, care sa fie multumita de servicile oferite de firma noastra;
4. Cresterea in permanenta a calitatii serviciilor oferite clientilor;
5. Realizarea unui grad de ocupare a calculatoarelor de 50% in anul I si 60% in urmatorii doi ani.

1.3. Punctele forte (avantajele competitive)

Punctele forte pentru aceasta afacere vor fi:

* Viteza crescuta a ratei de transfer a datelor pe circuitele de net
* Pretul redus per ora de utilizare a serviciului de internet
* Ambianta placuta

Axinte V. Ciprian – Initierea unei afaceri – Realizarea unui plan de afaceri de la A la Z

- Oferirea de servicii auxiliare de calitate crescuta
- Calitatea la standarde ridicate a paginilor WEB realizate
- Pretul redus al realizarii paginilor WEB comparativ cu concurenta

2. PREZENTAREA INTREPRINDERII

Firma Netxepert se va permanentiza ca o firma furnizoare de servicii internet, concomitent cu realziarea de pagini web, destinate in special firmelor din judetul de resedinta si judetele limitrofe.

2.1. *Regimul juridic si proprietatea firmei*

Firma nou creata se va constitui ca o Societate Comerciala cu Raspundere Limitata. Ea va avea ca proprietar un asociat unic, care va aduce tot capitalul necesar din resursele proprii.

2.2. *Start-up Summary*

Costurile initiale de reulare a afacerii se vor situa la 11.757 Ron (11.800), cuprinzand sumele necesare realizarii investitiei de baza plus cheltuielile pentru prima luna de functionare. O preazentare mai detaliata a acestor cheltuieli se prezinta in tabelul urmator, astfel:

Cheltuieli cu mijloace fixe	Valoare	Cheltuieli variabile pentru primul ciclu de „productie"	Valoare	Alte cheltuieli initiale	
Computer baza	854.90	Linie telefonica	100	amenajari	400
Computere satelit (300*15)	4500	Acces internet nelimitat	8	Cheltuieli infiintare firma	300
Anexe calculatoare	290	salarii	650		
Licenta office	419	spatiu	150		
Licenta windows (189*15)	2835	utilitati	100		
Comoda + doua fotolii	250	Alte cheltuieli	100		
TOTAL	9.948		1.108		700
CHELTUIELI TOTALE Investitii + cheltuieli variabile pentru prima luna					11.756

2.3. Amplasarea firmei si facilitatile sale

Firma va fi amplasata in zona centrala a orasului Targu Neamt. Aceasta amplasare prezinta o importanta deosebita pentru firma, deoarece faciliteaza accesul populatiei la serviciile oferite de firma. Ca element suplimentar se poate preciza ca singura firma concurenta este situata intr-o extremitate a orasului, fapt ce constituie un element pozitiv pentru firma noastra.

3. PRODUSELE SI SERVICIILE OFERITE

Produsssele si serviciille firmei cup[rind serviciile de internet si realizare de pagini WEB, concomitent cu desfacerea unor produse alimentare (racoritoare, dulciuri) pentru clientii serviciului de internet.

3.1. Descrierea produselor si serviciilor
3.1.1. Servicii de internet

Serviciul de internet va utiliza o retea de 15 calculatoare care vor fi legate la un computer de mare performanta (pe post de server). Acest computer va fi conectat la internet si va furniza o rata de transfer de 10 MB/s. Aceasta viteza crescuta este posibila datorita introducerii unor linii de transfer a datelor prin fibra optica, linie introdusa recent de Telecom. Astfel, viteza de transfer a datelor este foarte mare, viteza care coroborata cu pretul scazut de utilizare per ora sa genereze un flux crescut de clienti.

3.1.2. Proiectarea paginilor web

Se vor proiecta pagini web pentru firmele doritoare. Aceste pagini vor avea ca scop promovarea firmelor respective, prin intermediul unui canal de publicitate imens, asa cum este adesea descris internetul. Aceste pagini se vor realiza la cele mai inalte standarde posibile la ora actuala.

3.1.3. Produsele alimentare

Utilizatorilor de servicii internet li se pun la dispozitie o derie de produse de consum alimentar (racoritoare, cafele, dulciuri etc.)

3.2. Faza ciclului de viata al produselor (serviciilor)

Conform unor studii realizate de revista Capital, piata internetului tinde sa devina o piata matura ca si cea a pietei realizarii de pagini web. Aceasta concluzie este generalizata la nivelul intregii tari si intregului mapamond.

3.3. Licente si patente folosite

Se vor utiliza licente pentru sistemele de operare pentru cele 15 computere si server (acesta din urma are inclus in pretul de achizitie si pretul licentei) oferite de catre Microsoft Company, prinintermediul firmei Best Computers. Pretul per licenta (retail) este de 189 €, pe cele 15 licente platindu-se suma de 2.835 €. Aceasta suma se poate micsora datorita numarului mare de licente cumparate. Se va mai achizitiona si o licenta Microsoft Office Professional 2010 in valoare de 419 €, in acest program cuprinzand si programul Front Page necesar realizarii paginilor WEB.

3.4. Aprovizionare

Se vor realiza contracte cu firma Telecom care ca Internet provider furnizează serviciile la un cost lunar de 8 €. De asemenea, se va închiria o linie telefonică de la Telecom, la preţul de 100 € per lună. Pentru aprovizionarea cu calculatoarele „satelit" se vor contacta furnizori de computere second-hand, a căror preţ va oscila în jurul valorii de 300 € per computer (sistem complet). Pentru computerul server se va apela la firma Best Computer care va furniza un computer de mare putere, inclusiv un monitor de 17" (costul computerului si monitorului=total 855 €, conform anexei).

Firma va apela la un furnizor local de mobilier complet pentru calculatoare, cuprinzând 16 mese de lucru şi scaune ergonomice la un preţ de cca 50 € per set (masă plus scaun) şi o comodă, 2 fotolii şi o masuţă pentru cei ce aşteaptă eliberarea unui calculator, la un preţ de 250 €.

În plus, firma se va aproviziona cu materiale necesare recondiţionării spaţiului închiriat de la furnizori locali.

3.5. Tehnologia

Pentru serviciul de internet se va utiliza pe post de server un computer de mare capacitate (CPU i7, 8GB Ram, 1Tb HDD). Acest calculator va fi folosit si pentru proiectarea paginilor WEB. Calculatoarele satelit vor avea o configuratie mai slaba decat serverul fiind calculatoare cu rumatoarele caracteristici: CPU i5, 4 Gb RAM si 500 Gb hard disk-ul, fiind suficient de puternice pentru a se realiza un transfer de date rapid de pe Internet. Se va utiliza programul Front Page cuprins in pachetul de programe Microsoft Office pentru realizarea paginilor web.

3.6. Viitorul serviciilor furnizate

Internetul a patruns puternic pe piata romaneasca in ultimul deceniu, tendinta majora care se accetueaza este ca fiecare familie sa aiba un calculator si o conectare la Internet. Tinand cont de acest aspect se poate considera ca aceasta tendita reprezinta o amenintare pentru firma noastra. In contrapartida se afla paradoxal, puterea scazuta de cumparare a populatie din aceasta zona, care nu dispune, in majoritate, de resursele necesare achizitionarii unui calculator si conectarea la Internet, putand beneficia de aceste servicii de la firma noastra si a concurentilor.

Realizarea paginilor web constuie si ea un domeniu relativ nou, aparand o data cu cresterea popularitatii Internetului. Ca tendinta se remarca (conform unor reviste de specialitate) o crestere a tendintei firmelor mari, mijlocii si chiar mici de a-si prezenta produsele, serviciile, lucrarile pe care le presteaza prin intermediul Internetului.

4. ANALIZA PIETEI

Firma noastra se va focaliza pe un anumit segment de consumatori. Astfel serviciile de Internet se vor adresa tinerilor si copiilor, cu varste cuprinse de la 8 ani pana la 25 ani, iar serviciile de proiectare a paginilor web firmelor din judetul Neamt si judetele limitrofe.

4.1.   *Segmentarea pietei*

Populatia totala a orasului Targu Neamt este (conform primariei orasului) in jur de 27500 locuitori, din care clientii tinta (intre 8-25 ani) reprezinta peste 9000 de persoane. De asemenea se includ in acest grup tinta si populatia aflata in tranzit in oras din localitatile limitrofe orasului Targu Neamt.

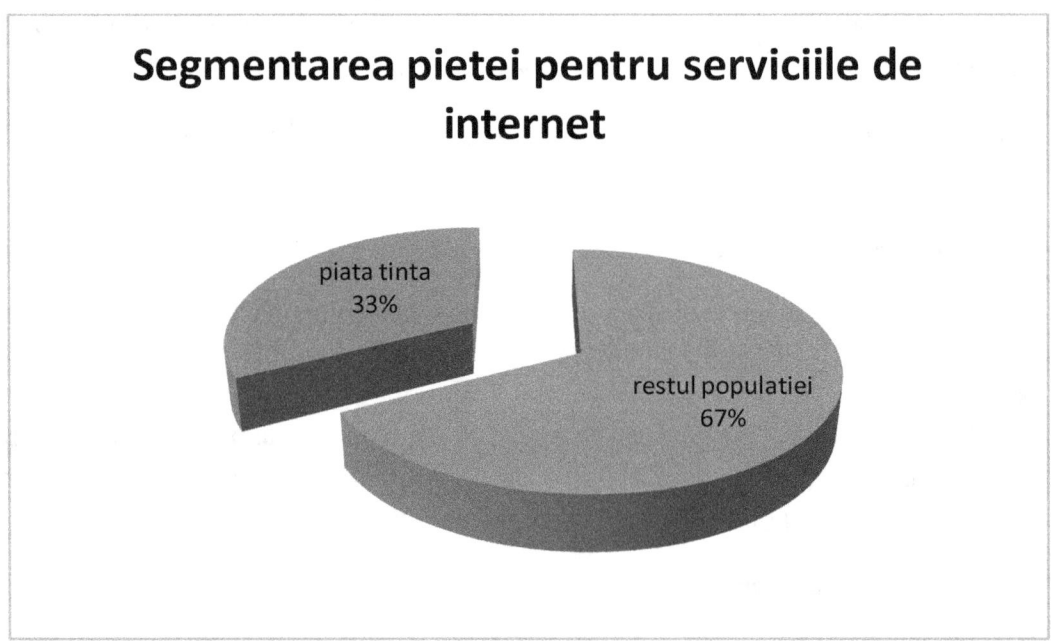

Pentru realizarea paginilor web se tinteste un grup de circa 1000 de firme mijlocii si mari din judetul Neamt si judetele limitrofe. Firmele tinta nu au in prezent publicate in prezent pagini web, dispunand de resurse financiare relativ limitate pentru a apela la firmele de prestigiu din tara pentru realizarea acestor pagini web.

Axinte V. Ciprian – Initierea unei afaceri – Realizarea unui plan de afaceri de la A la Z

4.2. Analiza competitorilor

Pentru serviciile de interne exista un sigur competitor pe teritoriul orasului Targu Neamt. Acesta dispune de o retea de 12 calculatoare, avand un provider ce-i furnizeaza o rata de transfer mult inferioara firmei noastre. Datorita faptului ca cererea este destul de crescuta acesta are aproape tot timpul calculatoarele ocupate, in ciuda amplasarii destul de deficitare a firmei. Firma functioneaza de 1 an si 3 luni (de la data deschiderii oficiale). Nu dispune de tehnologie de ultima ora (accesare greoaie a datelor pe internet) si nu dispune de periferice pentru jocuri (periferice ca joystick-uri, volane multifunctionale pentru jocurile cu masini etc., periferice pe care firma noastra le va achizitiona), care sunt puncte de atractie pentru copii care vin la firma noastra.

Pentru realizarea paginilor web nu exista firme concurente pe plan local, existand insa firme concurente pe plan national, care insa practica preturi destul de ridicate pentru ca firmele din segmentul de piata tinta pentru firma noastra.

5. SUMARUL STRATEGIEI SI IMPLEMENTAREA ACESTUIA

Asa cum s-a prezentat la inceput obiectivele firmei Netexpert sunt stabilite pe o perioada de trei ani si cuprind:

1. Realizarea unei cifre de afaceri de cca 50.000 EUR in anul 3 de functionare
2. Realizarea unei cote de piata de cel putin 50% in primul an, cu posibilitati de crestere anuala de 3%, pentru seviciile de Internet furnizate in orasul Targu Neamt
3. Crearea unei clientele fidele, care sa fie multumita de serviciile oferite de firma noastra
4. Cresterea permanenta a calitatii serviciilor oferite clientilor
5. Relizarea unui grad de ocupare a calculatoarelor de 50% in anul 1 si 60% in urmatorii doi ani

Pentru realizarea acestor deziderate se va actiona pe un segement de clienti slab satisfacuti (atat din punctul de vedere al serviciilor de internet si web), din cadrul localitatii Targu Neamt, respectiv judetele Neamt si limitrofele, se vor utiliza resursele disponibile (financiare, corporale, umane) la cel mai inalt nivel posibil. Coroborat cu axearea pe pret redus, obiectivele de mai sus au toate sansele sa se realizeze.

Elemente cheie care vor crea fundamentul realizarii unei eficiente si eficacitati crescande sunt surprinse in strategia de marketing:

5.1. Strategia de marketing

Strategia de marketing se va axa pe doua elemente fundamentale pentru firma noastra, anume strategia de pret si cea de promovare.

5.1.1. Strategia de pret

Netexpert se va baza pe o strategie de pret minim, in sensul ca serviciile de internet vor fi livrate la pretul de 0.4 EUR per ora utilizare (spre deosebire de tariful concurentului de 0.62 EUR per ora. De sigur ca o data cu crearea unei clientele fidele li se va putea pune la dispozitia acestora a unor carduri de acces, care vor contine un anumit numar de ore de acces la internet, avand inclus un discount considerabil.

Pentru serviciile de proiectare pagini web se va practica un tarif mediu de 250 EUR per pagina medie realizata (tarif variind de la 100 EUR la 400 EUR in functie de complexitatea paginii web realizate). Comparativ cu firma noastra firmele de renume practica preturi incepand de la 200 EUR pana la cateva mii de euro in functie de complexitatea paginii realizate.

5.1.2. Strategia de promovare

Strategia de promovare se va axa pe crearea unei bune reputatii atat din punct de vedere a calitatii serviciilor de net furnizate, cat si din punct de vedere a calitatii paginilor web realizate.

Astfel pentru promovarea Internet-cafe-ului firmei se vor utiliza „fluturase" si anumite pliante. Acestea vor fi „distribuite" intensiv chiar inainte ca firma sa-si inceapa activitatea, pe urma urmand distribuirea lor lunara (intr-o zi prestabilita) Pentru promovarea serviciilor de realizarea a paginilor web se va crea un site pentru firma noastra in care ne vom prezenta domeniul de activitate si realizarile pana in acel moment (clienti avuti, preturi practicate etc.)

5.2. Prognozarea si planificarea vanzarilor

Pentru realizarea prognozei si planificarii vanzarilor se vor utiliza cateva date initiale. Astfel se vor utiliza pretul per ora al accesarii internetului de 0.4 EUR, gradul de ocupare al calculatoarelor care va fi estimat a fi in cazul pesimist de 50-60%, iar serviciile vor fi livrate non-stop, 24 de ore din 24; pretul mediu per pagina web realizata de 250 EUR, la o cadenta de minim 5 pagini web per luna in primii 2 ani, cadenta crescand la o medie de minim 6 pagini per luna. Incasarile lunare se vor situa peste valoarea de 3400 EUR. Astfel incasarile totale anuale se vor estima astfel:

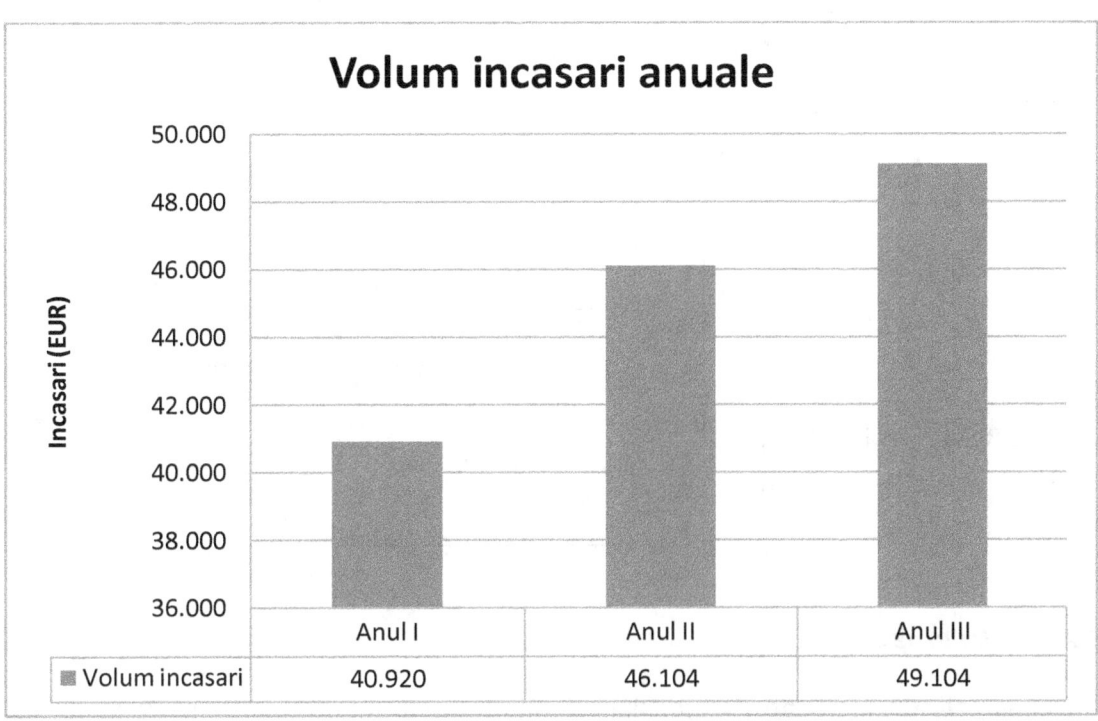

VENITURI ANUALE	lunar	anual 1	anual 2	anual 3
venituiri din furnizare serv internet	4320	51840	51840	51840
gradul de ocupare al calculatoarelor	0.5	0.5	0.6	0.6
venituri din realiza pag de web	1250	15000	15000	18000
TOTAL	3410	40920	46104	49104

6. MANAGEMENTUL ACTIVITATILOR

Managementul firmei va fi asigurat asociatul unic, care va avea preocuparea de a dezvolta firma creata si de ai asigura profitabilitatea prin intermediul unui management performant.

6.1.   Structura organizatorica

Firma va avea un numar de 4 angajati permanenti si un colaborator (contabilul firmei). Acestia vor fi subordonati managerului firmei. Se va practica un management informal, menit sa asigure un feedback crescut privitor la schimbarile ce pot afecta desfasurarea activitatilor.

Organigrama firmei se prezinta astfel:

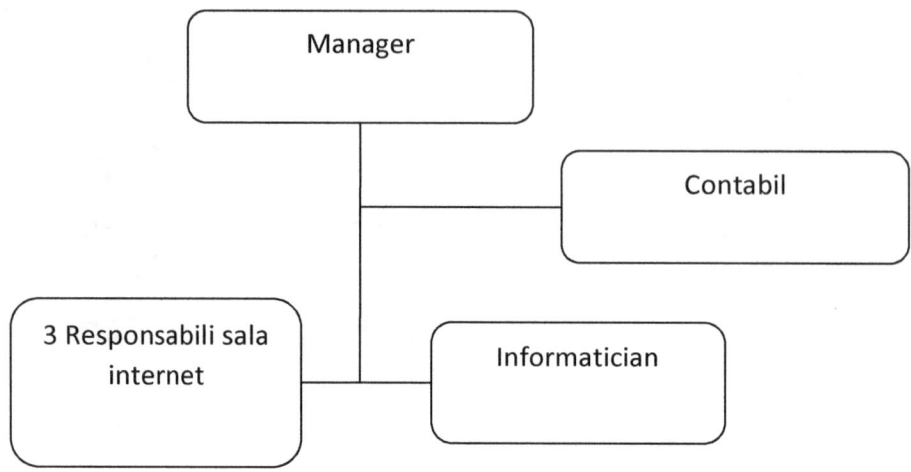

6.2. *Planul de personal*

Cheltuielile lunare pentru personal, incluzand si taxele si cotizatiile aferente se vor ridica la 100 EUR per supravegetor/luna (300 EUR lunar pentru cei 3 supraveghetori), 300 EUR pe luna pentru informatician si 50 EUR pentru contabil pentru realizarea bilantului contabil si a contului de profit si pierderi (incluzand si alte activitati, ca cele de evidenta a Registrului Jurnal etc.)

Managemetul firmei va fi asigurat de asociatul unic. Acesta va utiliza un pachet motivational incluzand in principal salariile acordate, climatul de munca creat in firma. Informaticianul va fi remunerat suplimentar si in functie de capacitatea acestuia de a spori prestigiul firmei prin realizarea unor pagini web de calitate inalta.

7. PLANUL FINANCIAR

7.1. *Supozitii initiale*

Pentru realizarea planului financiar se presupun ca unele date vor inregistra valori constante pe parcursul celor 3 ani astfel:

- impozitul per profit va fi de 16%;
- CAS si protectia sociala pentru salariati se vor mentine la valoarea de 25%, respectiv 5% din salariul tarifar;
- Costul de oportunitate (eficienta utilizarii banilor in alte activitati decat cele realizate de firma) se va situa la o valoare de 15%;
- Amortizarea echipamentelor se va face pe o perioada de 3 ani.

7.2. *Rezultatele financiare*

Nr. Crt.	Indicator	Anul I	Anul II	Anul II
1	Venituri din exploatare	40,920.00	46,104.00	49,104.00
2	Alte venituri	0.00	0.00	0.00
	TOTAL VENITURI	**40,920.00**	**46,104.00**	**49,104.00**
3	Cheltuieli pentru exploatare din care:			
	Cost servicii internet provider	96.00	96.00	96.00
	Cost inchiriere linie telefonica	1,200.00	1,200.00	1,200.00
	Costuri cu personalul	7,800.00	7,800.00	7,800.00
	Taxe si cheltuieli construire	300.00		
	amortizari	3,316.30	3,316.30	3,316.30
4	Alte cheltuieli	0.00	0.00	0.00
5	**TOTAL CHELTUIELI**	**17,312.30**	**16,612.30**	**16,612.30**
6	**PROFIT BRUT**	**23,607.70**	**29,491.70**	**32,491.70**
7	**IMPOZIT PE PROFIT**	**5,901.93**	**7,372.93**	**8,122.93**
8	**PROFIT NET**	**17,705.78**	**22,118.78**	**24,368.78**
9	**PROFIT ECONOMIC**	**16,108.44**	**20,281.84**	**22,256.30**

7.3. *Prezentarea detaliata a principalelor elemente de costuri si venituri*

Cheltuieli cu mijloace fix	Valoare	Amortizare
Computer de baza	854.90	284.97
Computere satelit	4,500.00	1,500.00
Anexe calculatoare	290.00	96.67
Licenta Office	419.00	139.67
Licente windows	2,835.00	945.00
Mobilier	800.00	266.67
Comoda + doua fotolii	250.00	83.33
TOTAL	**9,948.90**	**3,316.30**

Cheltuieli variabile lunare	Valoare lunara	VALUARE ANUALA
Linie telefonica	100.00	1,200.00
Acces internet nelimitat	8.00	96.00
Salarii	650.00	7,800.00
Spatiu	150.00	1,800.00
Utilitati	100.00	1,200.00
Alte cheltuieli	100.00	1,200.00
TOTAL	**1,108.00**	**13,296.00**

Cheltuieli fixe pentru primul an	
Amenajari	400.00

Axinte V. Ciprian – Initierea unei afaceri – Realizarea unui plan de afaceri de la A la Z

Cheltuieli infiintare firma	300.00
TOTAL	**700.00**

VENITURI ANUALE	Lunar	Anul I	Anul II	Anul III
Venituri din furnizarea serviciilor internet	4320	51840	51840	51840
Gradul de ocupare al calculatoarelor	0.5	0.5	0.6	0.6
Venituri din realizarea paginilor WEB	1250	15000	15000	18000
TOTAL	**3410**	**40920**	**46104**	**49104**

PROFIT BRUT	23,607.70	29,491.70	32,491.70
IMPOZIT PE PROFIT	5,901.93	7,372.93	8,122.93
PROFIT NET	17,705.78	22,118.78	24,368.78
FONDURI IMOBILIZATE	11,800.00	11,800.00	11,800.00
COST OPORTUNITATE	1,597.34	1,836.94	2,112.48
PROFIT NET ECONOMIC	16,108.44	20,281.84	22,256.30

7.4. Analiza pragului de rentabilitate

Pragul de rentabilitate pentru firma Netexpert se va situa la valoarea cheltuielilor pe care firma le inregistreaza. Aceste cheltuieli include si costul de oportunitate pentru utilizarea banilor in acest domeniu de activitate. Astfel pentru anul I pragul de rentabilitate se situeaza la valoarea de 18909.64 EUR, in al doilea la 18449.24 EUR, iar in anul al treilea la 18724.78 EUR.

Pentru serviciile de internet se poate stabili un prag de minim de incarcare astfel incat afacerea sa fie rentabila:

$$V_{max} * grd_{incarcare} = cheltuieli_{anuale}$$

De unde rezulta ca

$$grd_{incarcare} = \frac{cheltuieli_{anuale}}{V_{max}}$$

$$V_{max} = 51840 \; EUR$$

$$cheltuieli_{anuale} = 17172.63 \; EUR$$

Cheltuielile anuale nu include amortizarea la Office, pentru ca aceasta este destinata serviciului de creare pagini WEB

$$grd_{incarcare} = 33\%$$

7.5. Fluxul financiar trimestrial al activitatii pe perioada 2015-2017

Nr crt.	Denumirea	Anul											
		2015				2016				2017			
		Trim I	Trim II	Trim III	Trim IV	Trim I	Trim II	Trim III	Trim IV	Trim I	Trim II	Trim III	Trim IV
1	Numerar la inceputul perioadei	0	6,230	11,652	17,073	22,495	28,845	35,195	41,545	47,895	54,808	61,720	68,633
2	Intrai de numera, din care:												
	Aport initial intreprinzator	11,800											
	Din vanzari	10,230	10,230	10,230	10,230	11,526	11,526	11,526	11,526	12,276	12,276	12,276	12,276
A	TOTAL NUMERA DISPONIBIL	22,030	16,460	21,882	27,303	34,021	40,371	46,721	53,071	60,171	67,084	67,084	80,909
3	Iesiri numerar:												
	Plati Telecom	200	300	300	300	300	300	300	300	300	300	300	300
	Plati internet provider	16	24	24	24	24	24	24	24	24	24	24	24
	Plati salarii	1,300	1,950	1,950	1,950	1,950	1,950	1,950	1,950	1,950	1,950	1,950	1,950
	Plati taxe si impozite	300	0	0	0	0	0	0	0	0	0	0	0
	Plati intretinere	200	300	300	300	300	300	300	300	300	300	300	300
	Alte plati	500	750	750	750	750	750	750	750	750	750	750	750
	Plati pentru investitii	11,800											
	Plati impozit pe profit	1,484	1,484	1,484	1,484	1,852	1,852	1,852	1,852	2,039	2,039	2,039	2,039
B	TOTAL IESIRI DE NUMERAR	15,800	4,808	4,808	4,808	5,176	5,176	5,176	5,176	5,363	5,363	5,363	5,363
C	SURPLUS/DE FICIT NUMERAR	6,230	11,652	17,073	22,495	28,845	35,195	41,545	47,895	54,808	61,720	68,633	75,545

Axinte V. Ciprian – Initierea unei afaceri – Realizarea unui plan de afaceri de la A la Z

7.6.   Calculul venitului net

Anul	Investitii	Cheltuieli de exploatare	Venituri totale	Venit net	Venit net actualizat (a=15%)
2015	11,800.00	12,188.00	40,920.00	16,932.00	16,932.00
2016	0.00	13,296.00	46,104.00	32,808.00	28,528.70
2017	0.00	13,293.00	49,104.00	35,811.00	27,078.26
TOTAL	11,800.00	38,777.00	136,128.00	85,551.00	72,538.96

7.7.   Indicatori de rentabilitate
7.7.1.   Rata rentabilitatii costurilor (profit/costuri totale)

Anul	2015	2016	2017
Indicator	93.65%	122.72%	134.61%

7.7.2.   Rata rentabilitatii comerciale (profit/cifra de afaceri)

Anul	2015	2016	2017
Indicator	39.62%	44.22%	45.54%

7.7.3.   Termenul de recuperare a investitiei (investitia totala/profit anual) – in acets caz e suficient profitul anului I pentru recuperarea investitiei

$$T_{recup} = \frac{11800}{16213.79} = 0.73 \; ani \cong 9 \; luni$$

8.   CONCLUZII

Afacerea care se intentioneaza a se realiza este fezabila din punct de vedere:

➤ *Comercial* - exista o piata, nesatisfacuta cu servicii de internet si o nisa de piata unde firmele „mai sarace" apeleaza la firme ce realizeaza pagini web mai ieftin;
➤ *Financiar* - deoarece firma dispune la inceput de resursele necesare intemeierii sale (prin intermediul fondurilor intreprinzatorului), in plus indicatorii economici releva o profitabilitate crescuta a afacerii;
➤ *Uman* - existand personal bine pregatit (mai ales informaticianul) ;
➤ *Managerial* - va fi condusa de o persoana cu cunostinte in management.

Afacerea este **profitabila**, deoarece se obtine un profit relativ ridicat, comparat cu investitia facuta.

Afacerea este **credibila** datorita:

- profitabilitatii sale;

- aportul propriu de numerar pentru realizarea investitiilor
- flux ridicat de lichiditati

www.ingramcontent.com/pod-product-compliance
Lightning Source LLC
Chambersburg PA
CBHW080821180526
45168CB00006B/2531